CALLWEY

Peter Wippermann
Bettina Hintze

DIE BESTEN EINFAMILIENHÄUSER DES 21. JAHRHUNDERTS

Deutschland / Österreich / Schweiz

INHALT

VORWORT

Die Jury:
Wolfgang Nagel, Chefredakteur von HÄUSER
Michael Frielinghaus, Präsident BDA Deutschland
Klaus Becker, Schüco International KG
Regine Leibinger, Barkow Leibinger Architekten
Thomas Penningh, Vorsitzender des Vorstands des VPB

Es ist noch gar nicht so lange her, da war das Etikett „21. Jahrhundert" das Synonym für Fortschritt und Zukunft schlechthin. Inzwischen ist das mit vielen Hoffnungen und Heilserwartungen befrachtete Säkulum zehn Jahre alt – Anlass für die HÄUSER-Redaktion, Bilanz zu ziehen und zu fragen: Wohnen wir heute anders als vor zehn Jahren? Wie stellen sich Architekten auf neue Erfordernisse ein? Worin unterscheiden sich Einfamilienhäuser des Jahres 2010 von denen vor der Jahrhundertwende? Hat es gar so etwas wie einen Epochensprung gegeben?

Ein bewährtes Radar für Trends und Veränderungen ist der HÄUSER-Award, den wir jedes Jahr mit einer bestimmten Themenstellung ausschreiben. Diesmal haben wir die neue Avantgarde gesucht, Häuser der „Generation 21", Projekte also, die unverkennbar Kinder des 21. Jahrhunderts sind. Wie sehen diese aus und wie unterscheiden sie sich von früheren Bauten? Unser Wettbewerb, an dem sich fast 200 Architekten aus ganz Europa beteiligten, hat darauf viele Antworten gegeben.

Insgesamt zeigt sich, dass die Grundrisse in jeder Hinsicht offener geworden sind. Kochen, Essen und Wohnen spielen sich heute meistens in einem Raum ab. Auch die strikte Trennung von Bad- und Schlafbereich löst sich langsam auf, die Themen Wellness und Fitness gewinnen Raum und werden nicht mehr in den Keller verbannt. Die Öffnung des Hauses findet aber nicht nur in der Horizontalen, sondern immer mehr auch in der Vertikalen statt, Emporen und

ÜBER DIESES BUCH

Galerien sorgen für großzügige Raumerlebnisse, Durchbrüche und Atrien ermöglichen eine kunstvolle Führung des Tageslichts.

Am auffälligsten und den Häusern am wenigsten anzusehen ist ein Aspekt, der sich erst aus Datenblättern und Baubeschreibungen erschließt: Weitaus stärker als früher fließen heute ökologische Überlegungen schon in die Entwürfe mit ein. Nachhaltigkeit ist zu einer Leitmaxime des Jahrzehnts geworden, immer mehr achten Architekten auf verantwortlichen Umgang mit Ressourcen. Daneben prägt die Energiethematik die Häuser von heute, und zwar nicht allein wegen schärferer Normen, sondern aufgrund eines generell sensibleren Bewusstseins für die Umwelt und dank neuer technischer Möglichkeiten. Hochgedämmte Außenhüllen gehen nicht zwangsläufig mit Fort-Knox-Optik einher, Dreifachverglasungen ermöglichen Energieeffizienz bei größtmöglicher Transparenz, neue Heizkonzepte kommen ganz ohne Öl und Gas aus. Der erste Preisträger ist dafür ein eindrucksvolles Beispiel – als Niedrigenergiehaus mit Erdwärmepumpe und Regenwassernutzung.

Weitere Aspekte finden Sie in diesem Buch, in dem wir die 26 besten Einsendungen vorstellen – Vorbild hoffentlich für noch viel mehr Häuser, die in puncto Zukunftstauglichkeit Maßstäbe setzen.

Wolfgang Nagel
Chefredakteur von HÄUSER

Das vorliegende Buch dokumentiert die Wettbewerbsergebnisse und stellt neben den drei preisgekrönten Objekten auch eine Auswahl der 23 besten Beispiele in Bild und Text vor: Attraktive Innen- und Außenaufnahmen veranschaulichen jedes Haus und seine Details, die Originalpläne der Architekten sowie Gebäudedaten und Projektbeschreibungen liefern interessante Hintergrundinformationen.

Grundrisse und Schnitte sind bis auf wenige Ausnahmen im Maßstab 1:200 wiedergegeben. Das heißt: 1 Zentimeter im Plan entspricht 200 Zentimetern, also 2 Metern, in der Wirklichkeit. Um die Einbindung des Gebäudes in das städtebauliche Umfeld sowie seine Situation auf dem Grundstück darzustellen, ist jeweils ein nicht maßstäblicher, genordeter Lageplan beigefügt. Das beschriebene Projekt ist dort orangefarben hervorgehoben.

Die Gebäudedaten fassen die wichtigsten Informationen übersichtlich zusammen: Sie geben Auskunft über Grundstücksgröße, Wohn- und Nutzfläche, Anzahl der Bewohner, Bauweise, Baukosten, Energiekonzept und -kennwerte sowie das Baujahr. Alle Kostenangaben verstehen sich, soweit nicht anders angegeben, im Sinne der DIN 276 als so genannte reine Baukosten inklusive der jeweiligen Mehrwertsteuer. Nicht enthalten sind die Grundstücks-, Erschließungs-, Bauneben- und Finanzierungskosten. Bei einigen Projekten wurden die Kosten auf Wunsch der Bauherren nicht veröffentlicht.

EINLEITUNG

Das eigene Leben wird zum Bauplan

Bauten für die Glückseligkeit liegen ästhetisch in der Vergangenheit, funktional in der Zukunft und werden geprägt vom gesellschaftlichen Wandel

Mein Haus

Ist Ihnen schon aufgefallen, dass Politiker auch Menschen sind? An ihrem öffentlichen Privatleben kann man gut beobachten, wie radikal sich in unserer Gesellschaft das Selbstverständnis einer linearen Lebensplanung geändert hat. So etwa in der Mitte des Lebens erreichen sie die Phase der zweiten Pubertät. Immer selbstverständlicher gestalten sie ihr Leben neu. Ein neues Glück, eine neue Liebe, vielleicht auch neue Kinder, sicher aber ein neues Zuhause.

Egal ob sie politisch konservative, alternative, liberale, sozialdemokratische oder linke Überzeugungen vertreten, sie halten sich nicht mehr an die Normen einer dreiphasigen Lebensbiografie. Auch die religiösen Bindungen an die christlichen Gebote – „Du sollst nicht ehebrechen" (6. Gebot) und „Du sollst nicht begehren deines Nächsten Weib" (9. Gebot) – gelten nur noch, wenn es zur individuellen Entscheidung passt. Die Logik der Steigerung des eigenen Glücks im privaten Beziehungsmanagement ist zur allgemein akzeptierten Handlungsanleitung geworden, nicht nur für Politiker. Die Selbstbestimmung und das Updaten des Partners verändern auch die Baupläne für Einfamilienhäuser.

Ministerpräsidenten von Schleswig-Holstein bis Bayern geben ein öffentliches Beispiel dafür, dass wir unser Leben als permanente Designaufgabe begreifen. Die gesetzlich gesetzten Fristen der drei Lebensabschnitte, Kindheit, Erwachsensein und Alter, haben in der persönlichen Lebensplanung ihren Sinn verloren. Kinder wollen schneller

Erwachsene werden, als erst mit 18 Jahren, wie es ihnen zugestanden wird. Erwachsene sind froh, wenn sie bis 40 Jahre als Jugendliche Bestätigung finden. Das Alter aber wurde kollektiv abgeschafft. Keiner will mehr mit 67 Jahren auf das Abstellgleis oder in eine Pflegebatterie abgeschoben werden. Erst ab 74 Jahren, das belegen Umfragen, fühlt man sich selbst alt. Johannes Heesters macht vor, dass man mit 106 Jahren noch beruflich aktiv sein kann. Das gefühlte Alter bestimmt unser Selbstbewusstsein. Heute sind die 50-Jährigen die neuen 35-Jährigen. Sie sind die Bauherren von morgen.

Die Individualisierung hat neue persönliche Freiräume geschaffen, und die Architektur wird auf diese veränderten Lebensbedürfnisse zukünftig noch stärker reagieren. Schon in den Jahren von 1996 bis 2008 hat sich das Interesse am Wohnen und Einrichten verschoben. Die Aufmerksamkeit dafür hat sich von den 30- bis 40-Jährigen zur Gruppe der 50- bis 60-Jährigen verlagert. Es findet eine subjektive Verjüngung einer objektiv alternden Gesellschaft statt. Diese Entwicklung erklärt auch, warum die Klassische Moderne bis zum späten Internationalen Stil der Architektur der 1960er-Jahre im aktuellen Eigenheimbau so prägend ist. Heute können sich die Bauherren die Ideale von gestern leisten, wenn Geld keine Rolle spielt. Das Neue muss nicht mehr neu sein. So bestimmen die Wohnträume der eigenen Jugend die Ästhetik der neuen Einfamilienhäuser.

Die bisherigen Grenzen der Architektur werden durch neue digitale Programme für Entwurf und Konstruktion sowie durch komplexe, modulare Strukturen zunehmend überwunden. Die Bildhaftigkeit von Algorithmen bestimmt die architektonische Qualität. Die generative Gestaltungsmacht digitaler CAD/CAM-Technologien wird aber im privaten Einfamilienhaus noch kaum oder sehr verhalten eingesetzt. Während die Popstars unter den Architekten, wie Frank

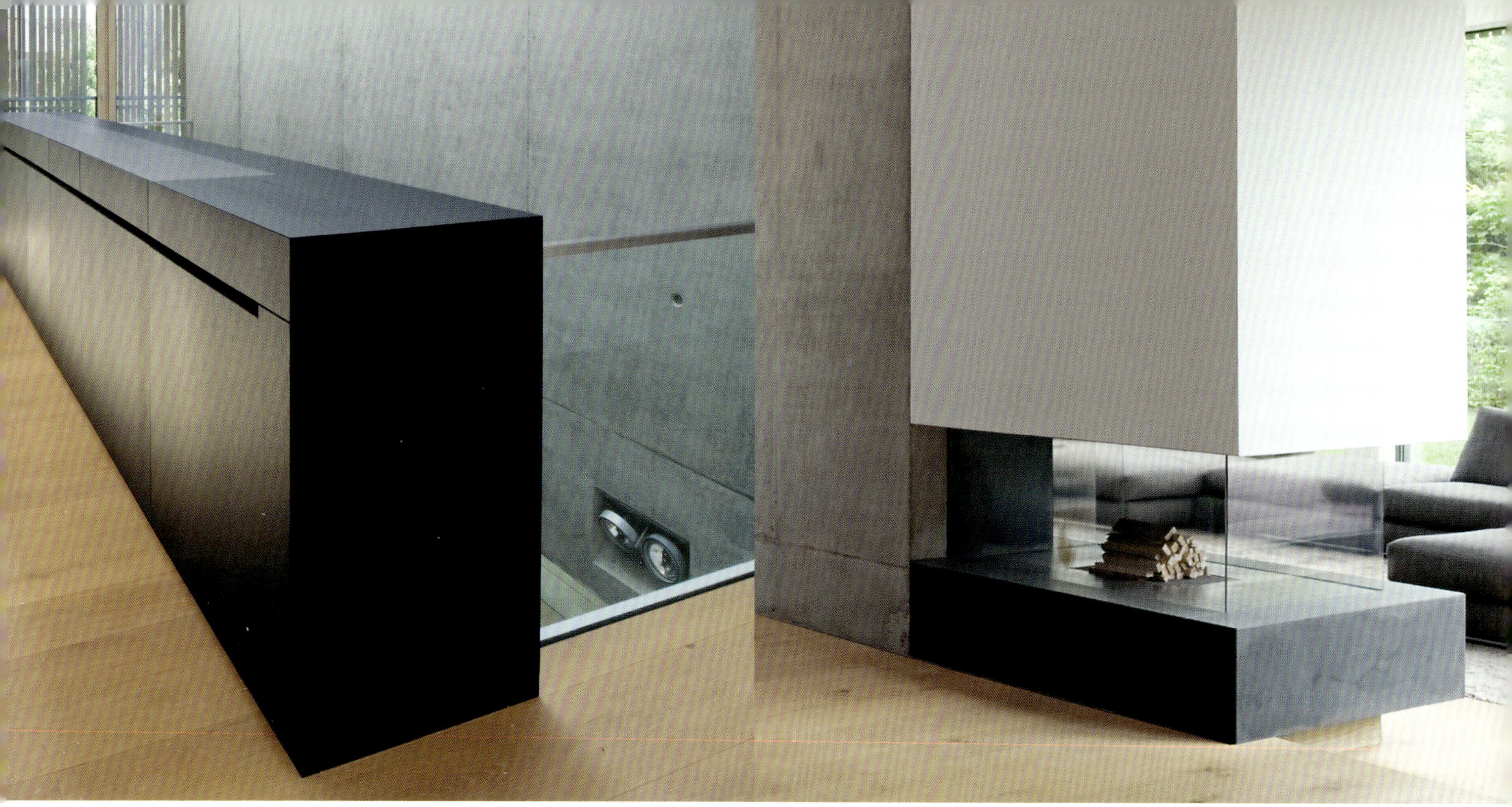

Gehry, Herzog & de Meuron oder Zaha Hadid, mit fließenden, kristallinen oder dekonstruktivistischen Repräsentativbauten urbane Wahrzeichen präsentieren, feiern Minimalismus und monolithische Formen im privaten Einfamilienbau noch Triumphe.

Außen hart: Purismus ist der Garant für die Sehnsucht der Bauherren nach Zeitlosigkeit. Sparsam, ruhig, hell und leicht sind die bevorzugten Anmutungen des Beständigen. Eine klare Geometrie, Reduktion in der Materialwahl, kubische Elemente, knappe Kanten und klare Oberflächen bestimmen die Gebäude. Sichtbeton kombiniert mit farbigen Metallpaneelen oder Steckgittern hat Hochkonjunktur. Polygonale Gebäude als Kontrast zur weichen Natur ergeben eine optische Balance. Wärme und Geborgenheit bei gleichzeitiger physischer Offenheit sind das ästhetische Konzept der Stunde. Die Verbindung von innen und außen, der Dialog von individueller Kultur mit saisonaler Natur bestimmt die Attraktivität des Hauses. Großflächig verglaste Fassadenöffnungen, die einen fantastischen Ausblick garantieren, faszinieren. Unten rundum Glas, oben ein geschlossenes Volumen: Das macht den Lebensraum zur Bühne und Aussichtsplattform zugleich. Großzügige Dachfenster, die ein Leben unter freiem Himmel ermöglichen, versprechen gebautes Glück.

Innen weich: Die innovativen Einfamilienhäuser unterscheiden sich in ihrer Innenwelt radikal von ihren historischen Vorbildern. Ihre Konzeption ist prozessorientiert, bereit für Veränderungen und flexibel für die situative Nutzung durch ihre Bewohner. Die offenen Grundrisse der Häuser werden strukturiert von kommunikativen – öffentlichen – Gemeinschaftsräumen und gestaltbaren Rückzugsmöglichkeiten in private Individualräume. Soziale Nähe wird durch die Integration von Küche und Essbereich in den Wohnraum geschaffen. Idealerweise werden diese Raumcluster um eine

Terrasse erweitert, die im Sommer eine Plaza für Geselligkeiten bietet.

In den Privaträumen bekommt das Bad eine neue Bedeutung. Die Beschäftigung mit dem eigenen Körper nimmt zu und beansprucht mehr Raum. So stieg die Unzufriedenheit mit dem eigenen Erscheinungsbild bei Frauen in den Jahren von 1979 bis 2008 von 25 auf 68 Prozent, mit einer angemessenen Zeitverzögerung folgen jetzt auch die Männer dieser kritischen Selbstsicht. Deshalb erobern Spa-Ideen zunehmend die Einfamilienhäuser. Wellness ist wichtiger als Party. Healthstyle verdrängt den Lifestyle.

Die Empty-Nesters – Eltern, deren erwachsene Kinder das Haus verlassen haben – entdecken wieder den Luxus der Intimität. Die Wohnräume werden größer, die Flure verschwinden. Hier beginnt sich das Bad zum Schlafzimmer hin zu öffnen, oder es wird mit einem Boudoir oder Ankleideraum kombiniert. Atmosphäre wird zu einem wichtigen Element der Raumgestaltung. Die gewünschte Stimmung erleichtert die physische und mentale Entspannung und setzt einen Gegenpol zum stressigen Alltag.

Der gesellschaftliche Stress wird zunehmen. 2009 wurden in Deutschland pro Stunde 77 Kinder geboren, aber 94 Menschen bestattet. Die Bevölkerungszahlen in Deutschland werden garantiert schrumpfen. Das Statistische Bundesamt prognostiziert, dass bereits in 15 Jahren die Mehrheit der Bevölkerung über 60 Jahre alt sein wird. Die Jugend wird zur Minderheit. Der demografische Wandel zeigt schon jetzt klare Strukturen des Wandels in der Baukultur: wachsende Städte, schrumpfendes Land. Die Entwicklung geht von Ost nach West, von Norden nach Süden und vom Land in die Stadt. Allein 2008 hat das Land Niedersachsen 24.440 Einwohner verloren, das entspricht der Einwohnerzahl einer Stadt wie Helmstedt. Die Lage

eines Einfamilienhauses entscheidet zukünftig noch mehr über seinen Wert.

Überraschend ist, dass sich die gesellschaftliche Einstellung zum Nachwuchs polarisiert hat. Kinder sind heute entweder „Problem" oder „Luxus". Kommende Generationen haben den hoffnungsvollen Status einer geschützten Unbeschwertheit am Wohnungsmarkt bereits verloren. Die Mehrheit der Vermieter sucht sich lieber Rentner oder Paare ohne Kinder aus. Nur ein Drittel der Wohnungsanbieter akzeptiert noch Kinder in Mietwohnungen. Grundstücke, die in der Nähe von Kinderspielplätzen, Kitas oder Schulen liegen, verlieren ständig an Wert. Klagen gegen Lärmbelästigungen durch Kinder aus der Nachbarschaft sind in der jüngsten Zeit gerichtlich erfolgreich gewesen. In Hamburg und Berlin wurden jetzt dagegen Verordnungen erlassen, die in Wohngebieten „normalen" Kinderlärm wieder ausdrücklich erlauben.

Neue Einfamilienhauskonzepte für die Lebensbedürfnisse von Eltern mit Kindern wurden nach ihren unterschiedlichen finanziellen Möglichkeiten entwickelt. Kostengünstig im Grünen: Um dem Anspruch an erschwingliches Bauen und Wohnen gerecht zu werden, sind zunehmend reine Holzbauten aus vorfabrizierten Holzbauelementen mit Lärchenholztafeln realisiert worden. Smart urban: Die bewusste Wiederentdeckung des Stadthauses in der Stadtplanung zeigt Erfolge. Hier können sich nicht nur Yuppies, sondern auch Familien eine Lebensumwelt schaffen, in der Kinder adäquat aufwachsen können, ohne dass die Familie auf das Umland ausweichen muss. Durch permanente Mobilität im Berufsleben wird der Stadtraum interessanter als das Umland. Das Stadthaus verbindet Leben und Arbeiten, Alt und Jung. Das Dorf wird zum Modell. Alles bleibt in der Nähe. Die Transitzeit zwischen Wohnen im Grünen und Arbeiten in der City entfällt und wird als unverplante Familienzeit genutzt.

Die Prognose für die Wohnflächenentwicklung sagt, dass wir wahrscheinlich 2030 zehn Quadratmeter mehr Wohnfläche pro Kopf haben werden als 2005. Das ist vor allem auf die Singleisierung der Gesellschaft zurückzuführen. Berlin ist Europas Single-Hauptstadt, hier leben heute schon 52,7 Prozent der Einwohner in Single-Haushalten. Hamburg und München zeigen ähnliche Tendenzen.

Außergewöhnlich ist, dass die mittleren Jahrgänge vermehrt in Single-Haushalten leben und nicht mehr die älteren und ältesten Gruppen der Gesellschaft. Noch 1988 stellten die über 60-Jährigen mit 55 Prozent die Mehrheit bei den Einzelhaushalten. Schon seit 2008 leben aber 57 Prozent der unter 59-Jährigen allein. Nicht immer, aber immer wieder. Eine neue Form der Wohngemeinschaft hat die Chance, sich als Bauherrengemeinschaft in den Stadthäusern von übermorgen zu etablieren.

Die Architektur der Einzelwohnhäuser wird sich am Pragmatismus moderner Familien orientieren. Das Nischenmodell der Patchworkfamilie ist dabei, sich zum Mainstream zu entwickeln. Der Anteil der Kinder, die in Lebensgemeinschaften ohne Trauschein geboren wurde, stieg von 15 auf 32 Prozent in den letzten 20 Jahren. Das Prinzip des Geschosswohnungsbaus eignet sich besonders gut, Lebensabschnittsbegleiter, Kinder und Arbeit gemeinsam auf Projektbasis zu organisieren. Unterschiedlichste Nutzungsmöglichkeiten sind besonders in Zeiten des Strukturwandels interessant. Die Zukunft gehört dem Mehr-Generationen-Domizil. Für den demografischen Wandel ist „Aging in Place" die neue Zauberformel der Selbstbestimmung: Aus dem Home-Office wird eine Einliegerwohnung. Das Recht auf eine geschützte Privatsphäre im Alter wird kombiniert mit Telemedizin und gleichzeitiger familiärer Nähe. Wer Flexibilität mit Kontinuität verbinden kann, gewinnt.

Das Erscheinungsbild der neuen Stadthäuser in den Großstädten deutet auf einen beginnenden architektonischen Sinneswandel hin. Neuerdings wird mit skulpturalen, expressiven Baukörpern experimentiert. Der Konstruktivismus wird vorsichtig infrage gestellt. Split Level oder höhenversetzte Zwillingsfenster sind Versuche, der zeitgemäßen Diskontinuität des Lebens Gestalt zu geben.

Mein Klima

Die erfreulichsten Stärken der Architektur neuer vorbildlicher Einfamilienhäuser liegen in den Bauprozessen, der Nutzungskonzeption und vor allem in der nachhaltigen Planung des Energieverbrauchs. Hier hat eine Revolution begonnen, die heute schon Erfolge zeigt. Die Bauwelt hat durch Eigeninitiative, aber auch durch die neue Energiesparverordnung, einen Vorsprung vor anderen Branchen erreicht und ist dabei, diesen konsequent auszubauen. Für Neubauten wurde in der Energiesparverordnung die Obergrenze des zulässigen Primärenergiebedarfs für Heizung, Warmwasser, Lüftung und Kühlung um 30 Prozent gesenkt. Gleichzeitig muss die Wärmedämmung der Gebäudehülle durchschnittlich 15 Prozent mehr leisten als bisher. Neue Konzepte, Technologien und Baustoffe machen das Wohnen günstiger, umweltverträglicher und gesünder.

Der Minergie-Eco-Standard setzt Maßstäbe für mehr Komfort und Lebensqualität in den Bereichen Licht, Lärm, Raumluft und geringere Umweltbelastung mit den Schwerpunkten Energieeffizienz und Bauökologie. Das führt dazu, dass schwermetallhaltige Baustoffe, imprägniertes Holz ohne Zertifikat oder lösungsmittelhaltige Spanplatten ebenso tabu sind wie giftige Füll- und Montageschäume. Gleichzeitig erleben regionale Baumaterialen wie Grauwackestein, Wittmunder Torfbrandklinker, heimisches Weißtannenholz, Schilfrohr und Lehm eine Renaissance. Material bekommt eine neue Bedeutung. Das Authentisch-Reale gewinnt an

Wert: Begreifbares (Haptik), Sichtbares (Formgestalt) und physisch Wahrnehmbares (Sensorik) rücken in das Sehnsuchtsfeld von Bauherren. Die Veränderung hat einen plausiblen Grund: Die Bedeutung von Stofflichkeit steigt, je häufiger wir in den virtuellen Welten der Medien leben und arbeiten. Alles, was verschwindet, gewinnt an Wert. Wir suchen nach authentischen Sinneserfahrungen und erfreuen uns an der eigenen Kennerschaft von Materialität. Volumen, Stofflichkeit, Materialstärke und handwerkliche Verarbeitung fallen als neue Qualitäten wesentlich demonstrativer auf als noch vor Jahren.

Die Lösungen globaler Probleme wie Klimawandel, Wasserverbrauch und Energieeffizienz werden nicht mehr theoretisiert, sondern individuell und innovativ realisiert. Klimaschutz ist Lebensqualität und beginnt zu Hause. Der CO_2-Footprint des eigenen Handelns ist nicht mehr eine Glaubensfrage, sondern gehört zur ökologischen und ökonomischen Vernunft. Bereits nach 15 Jahren zahlen sich Investitionen in ein Niedrigenergiehaus aus. Eine Untersuchung der Stiftung Warentest stellte fest, dass sogar in Norddeutschland Solaranlagen, bei einer Nutzungsdauer von 20 Jahren, eine Rendite von mehr als fünf Prozent erwirtschaften. Ein Traum jeden Anlegers am Finanzmarkt. Das macht verständlich, dass 52 Prozent der Eigenheimplaner zunehmend auf niedrigen Energieverbrauch setzen, hauptsächlich, um Kosten zu sparen. Nur 29 Prozent der Bauherren gaben in einer repräsentative Umfrage der Gesellschaft für Konsumforschung allein Umweltgründe an.

Niedrigenergiehäuser sind einer der Hoffnungsträger im Kampf gegen den Klimawandel. Derzeit entfallen allein 30 Prozent des gesamten deutschen Energiebedarfs auf die privaten Haushalte. Noch schwanken die Werte für den Heizwärmebedarf zwischen 0 und 80 Kilowattstunden pro Quadratmeter und Jahr. Durch die konsequente Neukon-

zeption des Themas, durch den Einsatz von Erdwärmepumpen, Wohnraumlüftung mit Wärmerückgewinnung oder die konsequente Wärmedämmung zeigen sich erste Erfolge. Das „Haus als Kraftwerk" ist eine Zielvorgabe für übermorgen.

Meine Medien

Wer sich noch an seine Fernsehgewohnheiten der 1970er-Jahre erinnern kann – damals wurden „Lassie" und „Fury" bunt, und die „Tagesschau" bestimmte das Familienleben –, wird sich heute kaum vorstellen können, wie dramatisch die technologischen Entwicklungen der Medien den Einfamilienhausbau morgen verändern werden.

Natürlich haben wir uns längst daran gewöhnt, dass Fernsehen im Schlafzimmer in Deutschland immer beliebter wird. Dort läuft der TV-Apparat mittlerweile im Durchschnitt 81 Minuten am Tag. Selbstverständlich arbeiten wir alle am Computer und nutzen das Internet auch privat. Architekten planen mit CAD-Programmen. Bauherren überweisen online. Trotzdem waren wir erstaunt, als zum Weihnachtsfest 2009 in Amerika erstmals mehr digitale als traditionell gedruckte Bücher bei Amazon verkauft wurden. Das Geheimnis war der Siegeszug des elektronischen Lesegeräts Kindle 2 von Amazon. Seit Januar 2010 kann man weltweit auf dem Kindle DX Bücher, Zeitungen und Zeitschriften aus 320.000 Titeln auswählen und 3.500 davon auf dem Gerät speichern. Dass die Medienrevolution auch das Wohnen verändert, ist für viele noch schwer vorstellbar. So planen sie weiterhin ihre persönliche Bibliothek, entwerfen Schrankwände und Bücherregale nach ihrem Geschmack. Das ist auch gut so, aber sie sollten diese Aktivitäten als Hommage an eine langsam untergehende Kultur verstehen.

„Technologie ist alles, was nach deiner Geburt erfunden wurde" – damit hat der Computer-Pionier und Erfinder des 100-Dollar-Laptops Alan Kay das Problem der Mediensozialisation auf den Punkt gebracht. Unsere Wahrnehmung der Welt wird lebenslang von der Medienwelt geprägt, in der wir aufwachsen. Wer Häuser für morgen und übermorgen plant, sollte sich die veränderte Mediennutzung in den Kinderzimmern von heute ansehen. 2008 hatten 95 Prozent der 12- bis 19-Jährigen in Deutschland ein eigenes Handy, vor zehn Jahren waren es nur acht Prozent. Telefon und Internet fusionieren mit Hi-Fi-Anlagen und Fernsehern. Die Mediengeräte schrumpfen auf Hosentaschenformat und werden mobil. Mit den neuen Medientechnologien vollzieht sich auch ein Wertewandel. Die Computernutzung, so eine aktuelle Untersuchung des Instituts für Demoskopie Allensbach unter den 14- bis 29-Jährigen, ist um 72 Prozent gestiegen, das Interesse an Kunst und Kultur fiel dagegen um 34 Prozent. Die Bereitschaft, sich mit Naturschutz und Gartenpflege auseinanderzusetzen, ist sogar um 39 Prozent zurückgegangen.

Der Struktur- und Wertewandel von der Industriegesellschaft zur Netzwerkökonomie bestimmt die Szenarienentwicklung für Stadtplaner, Architekten und Bauherren. Das Internet ist die Infrastruktur des 21. Jahrhunderts. Es macht uns nicht so doof, wie in einer Titelgeschichte des *Spiegel* kürzlich behauptet. Das Internet muss man sich als öffentliches Straßennetz vorstellen, die Computer als privat genutzte Autos, dann bekommt man eine Vorstellung von dem dramatischen Strukturwandel. Keiner wird behaupten wollen, dass individuelle Mobilität uns verblödet hat. Kommunikation macht uns auch nicht dümmer, aber sie verändert uns und unsere Gesellschaft.

Wichtig ist es, den gewandelten Medienbegriff zu akzeptieren. Kommunikation, Transaktion und Produktion treffen im

Internet zusammen. Diese Konvergenz ist individuell und global zugleich. Das Prinzip der Vernetzung bildet den Gegenpol zur Arbeitsteilung. Netzwerke schaffen Werte durch Beziehungen und minimieren Umwege. Arbeiten und Einkaufen sind schon dabei, sich wieder aus den Bürotürmen der Citys und den Shoppingmalls der Vorstädte zurückziehen. Sie kommen wieder nach Hause. Alles, was durch die Welt der Industriekultur getrennt wurde, verbindet sich wieder. Leben und Arbeiten werden verschmelzen. Die Trennung von Arbeit und Freizeit wird durch die ökonomisch bewertete Eigenzeit ersetzt. Das Gegenteil von Arbeit wird zukünftig nicht mehr die Freizeit, sondern der Urlaub sein. Diese Entwicklung geht zügig voran. Heute haben wir in Deutschland 100 Millionen angemeldete Handys, aber nur 82 Millionen Einwohner. Morgen werden diese Mobiltelefone mobile Computer sein. Wir entwickeln uns zu Hightech-Nomaden. Die Deutschen gehen oder fahren jeden Tag mehr als 3,21 Milliarden Kilometer. Jedes Jahr werden es mehr. Wer nicht angeschlossen ist, wird ausgeschlossen. Mediale Nichterreichbarkeit wird zum ultimativen Luxus.

Es war die Industriekultur, die Leben und Arbeiten getrennt hat, die Vorstädte entstehen ließ, weil dort billiger gebaut werden konnte als in der Stadt, die Mega-Shoppingcenter auf den grünen Wiesen baute und versuchte, mit Kampfpreisen das Stauerlebnis sinnvoll zu machen. Die Steigerung des „immer schneller, immer größer und immer mehr" hat 150 Jahre den Wohlstand vermehrt. Das Versprechen – individuelle Mobilität gleich persönliche Freiheit – veränderte nicht nur die Städte. Das Leben der Familien selbst hat sich gewandelt. Wer schickt schon sein Kind auf die Straße zum Spielen? Da holen wir doch lieber Moms Taxi, ein mindestens zwei Tonnen schweres SUV, aus der Doppelgarage und fahren unseren geliebten Nachwuchs in die Kita oder besser gleich zum Chinesischlernen in die private Vorschule.

Die interaktiven Medien der Netzwerkökonomie werden vergleichbar radikale Umwälzungen für den Alltag mit sich bringen wie die der individuellen Mobilität. Die virtuelle Medienwelt wird die reale Welt verändern. Die kürzesten Verbindungen zwischen Start und Ziel sparen Zeit und Energie. Hier gewinnt Online. Das schwächt die Ökonomie der langen Wege. Hier verliert das alte Stadtkonzept von Innenstadt, Vorstadt und Speckgürtel. Zeit wird wichtiger als der Preis.

Aber auch im Innenleben der Einfamilienhäuser macht sich der Wandel schon heute bemerkbar. Der Siegeszug des Apple iPhone gibt einen Vorgeschmack darauf. War die Steuerungselektronik für das vernetzte Haus bisher noch eine Spezialanfertigung, so steht sie heute schon für 99 Cent als eine von 100.000 Applications als Download für das Smartphone bereit. Die Hardware verschwindet aus unserer Wahrnehmung in Netzwerken, die nicht nur schneller, sondern auch intelligenter werden.

Wir brauchen zukünftig keinen Rückzugsort mehr, sondern einen Knotenpunkt, eine „Homebase der Möglichkeiten" in sozialen und technologischen Netzwerken. Neue Frei- und Spielräume werden den Bewohnern Lust auf morgen machen. Das Einfamilienhaus wird wichtiger.

Peter Wippermann

DIE PROJEKTE

Seite 076

Seite 080

Seite 084

Seite 088

Seite 094

Seite 100

Seite 106

Seite 112

Seite 118

Seite 122

Seite 126

Seite 130

Seite 138

Seite 144

Seite 148

Seite 154

Seite 158

Seite 166

DIE FARBE FOLGT DER FORM

/// Mitten in der Stadt und doch im Grünen: Auf der Südseite öffnet sich das Haus über seine gesamte Breite mit einer vorgehängten Glasfassade und raumhohen Schiebeelementen zum Garten. Bündig in das Holzdeck eingelassene Verglasungen belichten das Büro im Souterrain.

1. Preis / ludloff + ludloff Architekten / Berlin

Stadthaus in Berlin

Die Bernauer Straße trennt zwei Berliner Bezirke voneinander – vor der Wende waren es zwei Welten: Der Westbezirk Wedding steht mit seiner modernen Zeilenbebauung aus den Nachkriegsjahren den gründerzeitlich geprägten Gebäuden des ehemaligen Ostbezirks Mitte gegenüber. Der einstige Mauerverlauf lässt sich noch immer deutlich ablesen, der zu großen Teilen unbebaute Grenzstreifen macht die Geschichte nach wie vor präsent. Auch das Gelände, auf dem in den vergangenen Jahren 16 Stadthäuser entstanden sind, gehörte zum sogenannten Todesstreifen.
Das Ensemble, das in einer an mittelalterliche Verhältnisse erinnernden Dichte errichtet wurde, trägt dazu bei, diesen Ort neu zu definieren und wieder mit Leben zu füllen.

Das Haus, das die Architektenfamilie für sich baute, ist Teil dieser Gruppe. Es liegt in einer Wegbiegung und wird von Norden aus erschlossen. Der Baukörper erhebt sich – als wolle er den Boden des Mauerstreifens nicht tangieren – über einem Plateau aus gewaschenem Beton, das eine leicht erhöhte Übergangszone zwischen öffentlichem und privatem Raum bildet. Eine ebenfalls betonierte Sitzbank grenzt diesen Vorbereich von der schmalen Erschließungsstraße ab und lädt zum Verweilen ein.
Die Holzfassade an der Eingangsseite scheint zwischen die Brandwände der Nachbarhäuser gespannt zu sein. Die gebürsteten, geölten und horizontal gestoßenen Fichtenholzbretter wurden mit Eisenoxid behandelt, was der Stra-

/// Das Haus der Architekten fällt durch seine ungewöhnliche Fassadenoptik sofort ins Auge: Die rahmenlosen Gläser der bündig eingelassenen Öffnungsflügel scheinen auf der anthrazitfarbenen Front nur aufzuliegen, die präzise gearbeitete Fichtenholzschalung weckt Assoziationen an ein Möbelstück. Eine Betonstufe mit Hausbaum und Sitzbank schafft Distanz zur Straße.

/// Offenheit und Transparenz bestimmen den Raumeindruck in der Eingangsebene: Vom Garten reicht der Blick bis auf die gegenüberliegende Straßenseite. Die Holzplattform schließt niveaugleich an den erhöht liegenden Wohnbereich im Erdgeschoss an und dient zugleich als Sitzstufe.

/// Im Innern nimmt man den trapezförmigen Zuschnitt des Grundstücks wahr: Der Raum weitet sich trichterförmig Richtung Süden. Der offene Wohn-, Ess- und Arbeitsbereich bildet nicht nur den kommunikativen Mittelpunkt des Hauses – von hier aus werden auch alle weiteren Ebenen erschlossen.

ßenfront ein ungewohnt edles, anthrazitfarbenes Erscheinungsbild verleiht. Die rahmenlosen Gläser der bündig in die Fassade eingelassenen Öffnungsflügel sowie der skulptural ausgeformte Übergang zum überdachten Eingangsbereich wecken Assoziationen an ein präzise gearbeitetes Möbelstück. Über eine fast unsichtbar in der dunklen Schalung verschwindende „Tapetentür" betritt man das Haus.

Vom Entree aus gelangt man über eine weitere Stufe in eine sich zum Garten hin aufweitende Halle, von der aus die Wohn- und Arbeitsgeschosse erschlossen werden. Das Grundrisskonzept des trapezförmigen Gebäudes interpretiert die Idee des Einraumhauses neu: Eine einläufige Treppe führt, in der Eingangsebene beginnend, als Promenade über alle Geschosse. Der Weg durch den gebauten Raum wird durch unterschiedliche Materialien, den gezielten Einsatz kraftvoller Farben sowie die geschickte Lichtführung gekonnt inszeniert. Auf diese Weise wird jedoch nicht nur die architektonische Wirkung kunstvoll überhöht – das differenzierte Farbenspiel lässt gewissermaßen auch einen Trompe-l'Œil-Effekt entstehen: Es suggeriert optische Geschlossenheit bei gleichzeitiger Offenheit, indem reale Räume und Farbräume sich zu durchdringen scheinen, Perspektiven und Scheinperspektiven sich überlagern.

Schöne Aussichten ins Grüne bieten sich auf der Gartenseite: Im Gegensatz zur weitgehend geschlossenen Front im Norden zeigt sich im Süden ein ganz anderes Bild: Mit einer vorgehängten Ganzglasfassade und großzügigen Schiebeelementen öffnen sich die Räume ins Freie. An das leicht erhöht liegende Erdgeschoss schließt sich auf gleicher Ebene eine Holzplattform an, die als breite Sitzstufe ausgebildet ist. Bündig in den Terrassenboden eingelassene Verglasungen lassen natürliches Licht in den Arbeitsraum im Souterrain fallen.

Im Innern werden die fließenden Räume mit skulptural geformten Einbauten, die aus den Wänden herauszuwachsen scheinen, geschickt zoniert: Im Eingangsbereich etwa ziehen sich Teile der aus Holz konstruierten Fassade in das Gebäude hinein und werden dort zum Möbelstück. Die Betondecken wurden überall roh belassen und tragen zusammen mit den kräftigen Farbtönen der Linoleumböden sowie der Wandanstriche zum ebenso rauen wie reizvollen Charme des Interieurs bei.

/// Promenade über alle Geschosse: In einer fließenden Aufwärtsbewegung strebt die Treppe dem Licht entgegen. Die Trittstufen wurden mit Linoleum bezogen, die Setzstufen erhielten ein Lärchenholzfurnier, was die plastische Wirkung des Treppenlaufs zusätzlich betont.

/// Sein oder Schein, das ist hier die Frage: Im Innern des Hauses entfaltet sich ein raffiniertes Wechselspiel von kraftvoller Farbigkeit und gekonnter Lichtregie, das eine ganz eigene Raumwelt entstehen lässt und bewusst an klassische Trompe-l'Œil-Effekte anknüpft.

/// Reizvolle Ausblicke in die Baumwipfel bieten sich von der Dachterrasse in der obersten Etage. Im Gegensatz zur opulenten Farbigkeit des Treppenhauses dominieren im Elternschlafzimmer dezentes Weiß und Grau.

/// Der Allraum liegt um eine Stufe erhöht über dem Eingangsbereich. Das stark gemaserte Lärchenholzfurnier des Küchenblocks bildet einen reizvollen Kontrast zu den schalungsrau belassenen Untersichten der Betondecken.

/// Die kreisrunden, farbig lasierten Deckenöffnungen sorgen im Dachgeschoss für reizvolle Licht- und Schattenspiele. Viel Platz für Lektüre bietet die Treppenbrüstung, die als Regal ausgebildet ist.

/// Elegant in die Kurve legt sich die Holzfassade im Eingangsbereich: Sie zieht sich bis in den Innenraum hinein und wird dort zum Möbelstück. Fast unsichtbar verschwindet die Haustür in der dunklen Schalung.

Das Urteil der Jury // Der Entwurf stellt eine vorbildliche, zukunftsfähige Lösung für ein innerstädtisches Einfamilienhaus dar und liefert einen wichtigen Beitrag auf der Suche nach neuen Formen urbanen, flächensparenden Wohnens. Neben seiner hohen städtebaulichen und architektonischen Qualität besticht das Reihenhaus durch sein schlüssiges Raumkonzept: Der offene, kompakt organisierte Grundriss wird geschickt zoniert, die individuelle Farbgestaltung sowie die gekonnte Lichtführung lassen sehr differenzierte innenräumliche Qualitäten entstehen. Die intelligente und energieeffiziente Bauweise überzeugt sowohl in gestalterischer als auch wirtschaftlicher Hinsicht. Auf geringer Grundfläche ist hier ein hervorragendes Beispiel für individuelles verdichtetes Bauen in der Stadt entstanden, das zudem Wohnen und Arbeiten unter einem Dach klug miteinander zu verbinden weiß.
Der Entwurf wurde mit dem ersten Preis ausgezeichnet.

2. Obergeschoss
M 1:200

1 Schlafen
2 Bad
3 Salon
4 Loggia

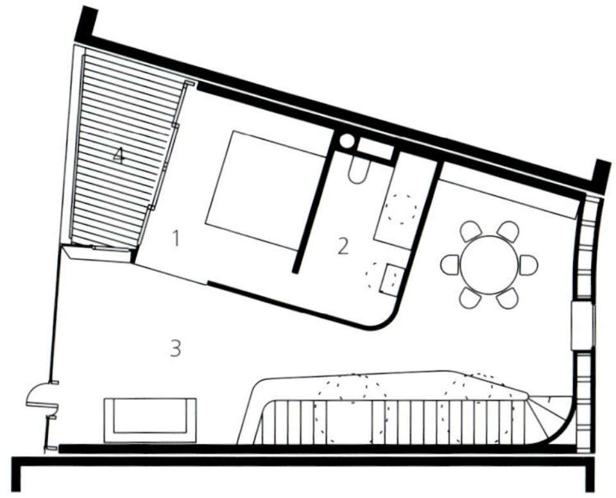

Gebäudedaten

Grundstücksgröße: 160 m²
Wohnfläche: 215 m²
Zusätzliche Nutzfläche: 15 m²
Anzahl der Bewohner: 4
Bauweise: massiv (Stahlbetonskelettbauweise), Gartenseite Glasvorhangfassade, Eingangsseite Holzständerwand mit Fichtenholzschalung
Baukosten je m² Wohn- und Nutzfläche: 1.391 Euro
Baukosten gesamt: 320.000 Euro
Energiekonzept: Erdwärmepumpe mit Tiefensonde, Betonkernaktivierung in den Geschossdecken, teilweise Wandheizung
Heizwärmebedarf: 23,70 kWh/m²a
Primärenergiebedarf: 36,79 kWh/m²a
Fertigstellung: 2008

1. Obergeschoss
M 1:200

1 Zimmer
2 Bad
3 Turnsaal/Spielzimmer
4 Wandschrank

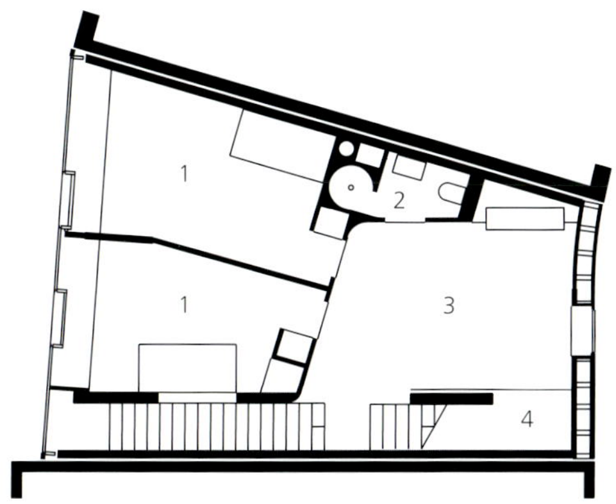

Erdgeschoss
M 1:200

1 Eingang/Diele
2 Gäste-WC
3 Kochen
4 Vorrat
5 Wohnen/Essen/Arbeiten
6 Terrasse

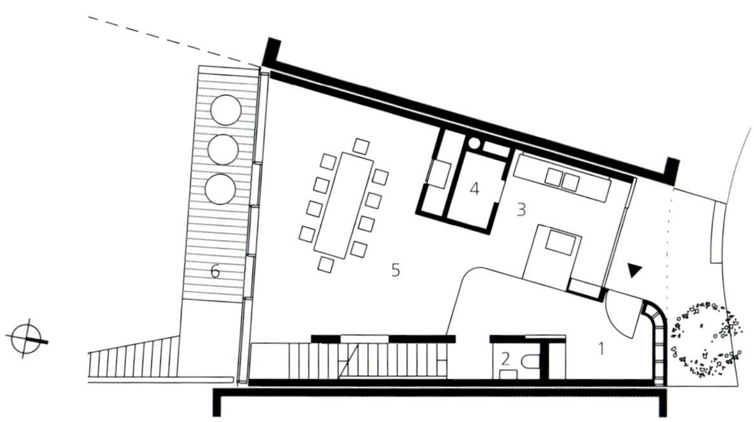

Schnitt ohne Maßstab

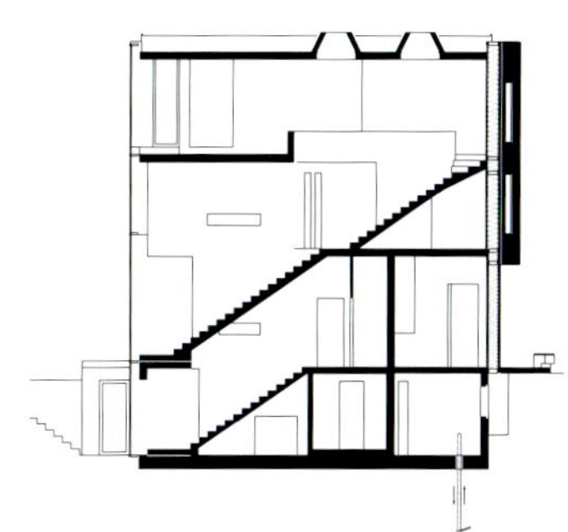

Untergeschoss
M 1:200

1 Arbeiten
2 Archiv
3 Hausanschlussraum
4 Werkstatt
5 Lager
6 WC

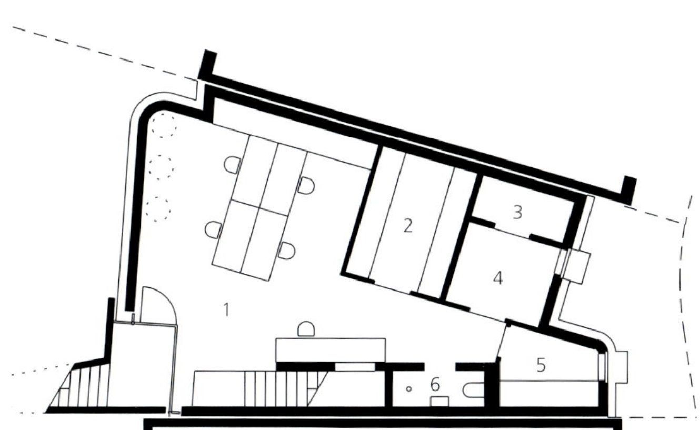

Lageplan

EIN HAUS FÜR DIE KUNST

/// Nah ans Wasser gebaut ist diese moderne Villa für ein Kunstsammler-Paar: Der zweigeschossige Kubus auf einem Ufergrundstück verzichtet bewusst auf Attribute repräsentativer Architektur und fügt sich zurückhaltend in die Landschaft ein. Das voll verglaste Erdgeschoss zieht die Blicke bereits am Eingang auf sich.

2.Preis / Architectenbureau Paul de Ruiter / Amsterdam

Villa in Kudelstaart

Wohnen in einem Bilderreich: So stellten sich die Bauherren das Leben in ihrem neuen Domizil vor. Nach dem Auszug der erwachsenen Kinder hatte das passionierte Sammler-Ehepaar beschlossen, in der Nähe von Amsterdam ein Haus zu bauen, das ganz der Kunst gewidmet sein sollte. Das Grundstück liegt bei Aalsmeer auf einer Landzunge in den Westeinder Plassen, einem Seegebiet, das nicht nur ein beliebtes Wassersportrevier, sondern mit seinen vielen Schilfgürteln auch ein einzigartiges Naturreservat ist.

Für die Architekten galt es, zwei scheinbar unvereinbare Vorgaben auf einen Nenner zu bringen: Zum einen sollte das Gebäude der umfangreichen Gemälde- und Skulpturensammlung der Bauherren in idealer Weise gerecht werden. Sie wünschten sich möglichst viele Wandflächen zum Aufhängen der Bilder sowie indirektes Licht, um ihre Bestände adäquat in Szene setzen zu können. Andererseits verbot es sich angesichts der landschaftlich reizvollen Lage und dem fantastischen Rundumblick auf den angrenzenden See geradezu von selbst, einen hermetisch geschlossenen Baukörper zu konzipieren.

Die Lösung bestand darin, den divergierenden Planungsvorgaben mit zwei unterschiedlich ausgebildeten Gebäudeteilen zu entsprechen, die in klarem Kontrast zueinander stehen: Das Erdgeschoss ist als transparenter Baukörper ausgebildet, dessen umlaufende Glasfassade sich wie eine durchlässige zweite Haut um die Räume legt. Diese öffnen

/// Linke Seite oben: Das Gebäude liegt in landschaftlich reizvoller Umgebung auf einer Landzunge inmitten eines wildromantischen Seengebiets. Im Gegensatz zur gläsern transparenten Sockelzone gibt sich die Holzbox darüber geheimnisvoll verschlossen.

/// Linke Seite unten: Jeder Himmelsrichtung ist ein großes Aussichtsfenster zugeordnet. Die eigens konstruierten Faltläden fungieren in geöffnetem Zustand als Sonnenschutz. Sie wirken wie kleine Vordächer und akzentuieren die Ansichten.

/// Blick auf den Essplatz im Südwesten: Deckenhohe Glasfronten mit schmalen Profilen geben die Aussicht auf den angrenzenden See frei – die Grenzen zwischen innen und außen scheinen zu verschwimmen.

sich auf allen Seiten verschwenderisch zur schönen Landschaft und bieten beim Durchschreiten stets neue Perspektiven. Über dieser filigranen Hülle scheint das Obergeschoss fast schwerelos zu schweben – als kompakte Holzbox, die nur wenig von ihrem Innenleben preisgibt. Ihre leichten Auskragungen beschirmen die Freibereiche im Erdgeschoss und fungieren zugleich als konstruktiver Sonnenschutz für die großen Glasfronten.

Die obere Etage bietet mit ihren geschlossenen Fronten nicht nur ausreichend Hängeflächen, sondern hält zudem über Lufträume Sichtkontakt in die untere Ebene: Von jedem Standpunkt des Hauses aus hat man die Kunst im Blick und fühlt sich wie in einem exklusiven Privatmuseum. Trotz ihrer Introvertiertheit profitieren auch die Schlafräume an den Kopfenden des Gebäudes mit jeweils einem großen Aussichtsfenster vom Landschaftspanorama. Als Sonnenschutz entwickelten die Architekten spezielle Holzklappläden, die sich nach oben fahren lassen und in geöffnetem Zustand als Vordächer die Glasfronten beschirmen. Sind sie geschlossen, wirkt das Obergeschoss wie eine Box mit völlig homogener Oberfläche. Damit das Holz auch auf lange Sicht den Witterungseinflüssen standhält, sind die Abstände zwischen den Lamellen so gewählt, dass sie gut durchlüftet werden und nach einem Regenschauer rasch wieder trocknen.

/// Das Erdgeschoss ist als offenes Raumkontinuum angelegt, sodass man von jedem Standpunkt aus das Haus in seiner ganzen Dimension erfassen kann. Die schmalen anthrazitfarbenen Fliesen betonen die Ausrichtung in Längsachse.

/// Im Gegensatz zum transparenten Erdgeschoss bieten die geschlossenen Fronten der oberen Etage viel Fläche, um Bilder aufzuhängen. Die eingezogene gläserne Loggia stellt auch hier den Bezug zum Außenraum her.

/// Verschiedene Nuancen von Blau und Lila setzen im Wohnbereich kräftige Farbakzente. Bei Bedarf lässt sich der Raum mit deckenhohen Schiebetüren, die in die Kaminwand integriert sind, zum Flur hin verschließen.

/// Rechte Seite: Ein zweigeschossiger Luftraum in Gebäudemitte schafft vertikale Beziehungen zwischen den beiden Wohnebenen und sorgt für zusätzlichen Lichteinfall. Wie in einem Museum kann man hier aus allen Blickwinkeln die Kunst genießen.

Ein weiteres Augenmerk legten die Planer auf die zukunftssichere und umweltfreundliche Energieversorgung des Hauses: Eine Erdwärmepumpe mit Tiefensonden liefert die erforderliche Energie für die Fußbodenheizung. Um die Innenräume gleichmäßig zu temperieren, kommt das Prinzip der Betonkernaktivierung zum Einsatz. Im Sommer wird das System auch zum Kühlen eingesetzt und sorgt trotz des hohen Glasanteils für ein angenehmes Raumklima.
Wenige Farben und Materialien bestimmen das Interieur: Weiß getünchte Wände, anthrazitfarbene Bodenfliesen und warmtoniges Eichenholzparkett bieten einen dezenten Hintergrund für die zahlreichen Exponate. Schränke und Stauräume verschwinden unsichtbar hinter maßgefertigten Einbauten, sodass die Villa zusammen mit der sparsamen, aber exquisiten Möblierung zu einem großen begehbaren Raum-Kunstwerk wird.

/// Viel Platz für kreative Kochkünste bietet der mit Edelstahl ummantelte, frei im Raum stehende Arbeitsblock. Gäste haben nicht nur das Geschehen am Herd, sondern auch die schöne Aussicht stets im Blick.

/// Die Schlafräume im Obergeschoss liegen jeweils an den Kopfenden des Gebäudes. Durchgehende Schrankwände bieten viel Stauraum, der hellbraune Eichenholzboden sorgt für ein wohnliches Flair.

Das Urteil der Jury // Die Villa bietet ein ebenso individuelles wie funktional überzeugendes Konzept, dessen gestalterische Qualitäten besonders hervorzuheben sind. Den Architekten ist es auf elegante Art gelungen, den gegensätzlichen Planungsvorgaben zu entsprechen und sowohl der herrlichen Lage an einem See sowie den praktischen Interessen der Kunst sammelnden Bauherren Rechnung zu tragen: Das transparente Erdgeschoss lässt freie Ausblicke in die Landschaft zu, während das introvertierte Obergeschoss ausreichend geschlossene Wandflächen bietet, um Gemälde und Skulpturen angemessen zu präsentieren sowie die Privatsphäre der Schlafbereiche zu wahren. Die klare Linienführung, die reduzierte Farb- und Materialwahl sowie die sorgsame Detaillierung fügen sich zu einem schlüssigen Ganzen zusammen. In seiner eigenständigen Formensprache steht das Haus für eine ebenso zeitgemäße wie zeitlose Architektur mit sehr hohem Wohnwert.
Der Entwurf wurde mit dem zweiten Preis ausgezeichnet.

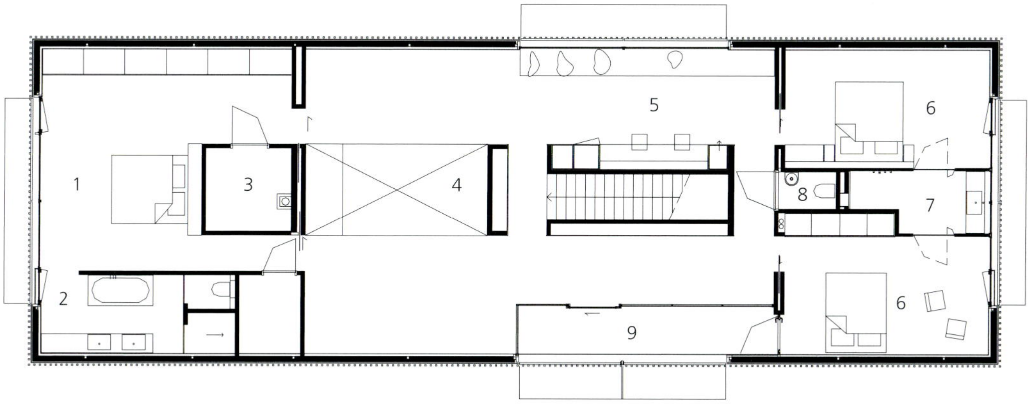

Obergeschoss
M 1:200

1 Schlafen
2 Bad
3 Abstellen
4 Luftraum
5 Galerie/Arbeiten
6 Zimmer/Gäste
7 Duschbad
8 WC
9 Loggia

Lageplan

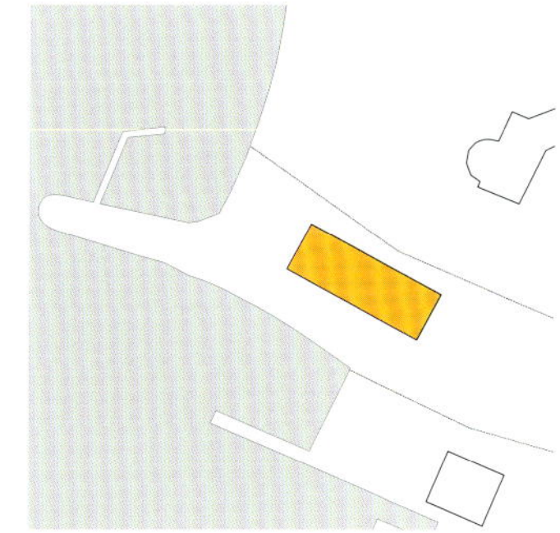

Gebäudedaten

Grundstücksgröße: 1.720 m²
Wohnfläche: 340 m²
Zusätzliche Nutzfläche: 20 m² (Gartenhaus)
Anzahl der Bewohner: 2
Bauweise: Erdgeschoss Stahlbeton/Stahlstützen, Obergeschoss Stahlkonstruktion mit Holzverkleidung
Energiekonzept: Erdsondenwärmepumpe, Betonkernaktivierung
Fertigstellung: 2008

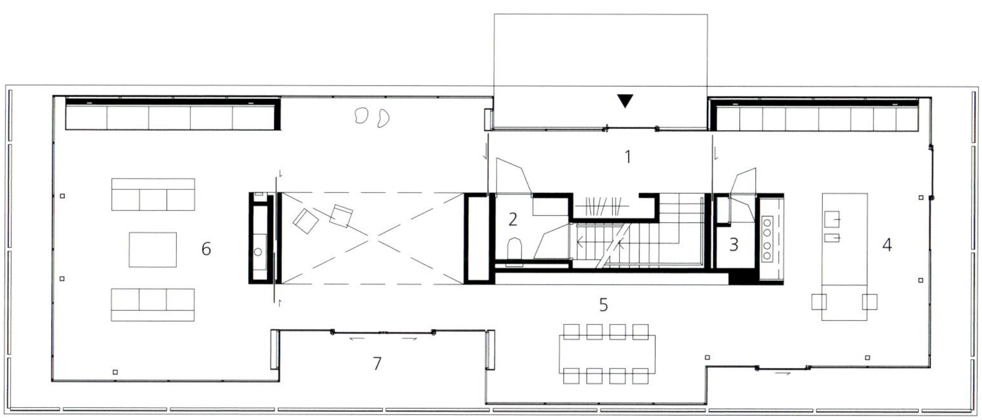

Erdgeschoss
M 1:200

1 Entree/Garderobe
2 Gäste-WC
3 Abstellen
4 Kochen
5 Essen
6 Wohnen
7 Terrasse

Längsschnitt
M 1:200

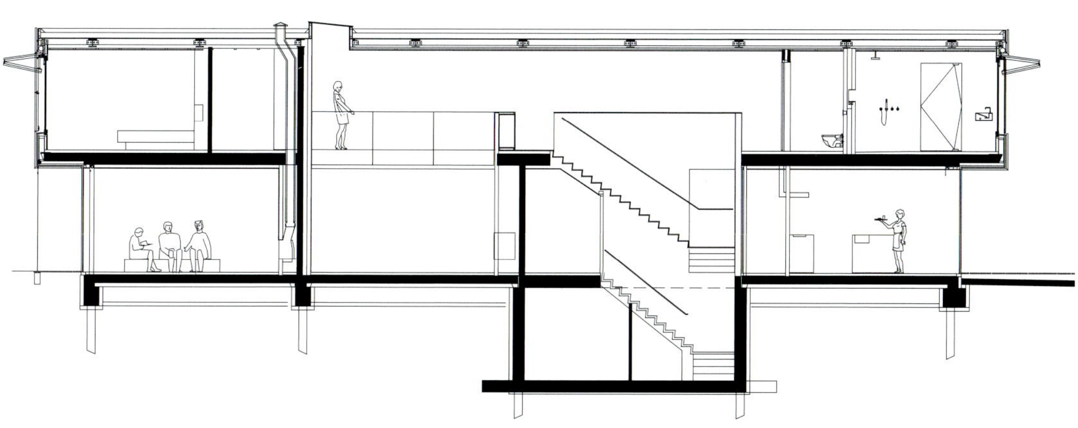

Querschnitt
M 1:200

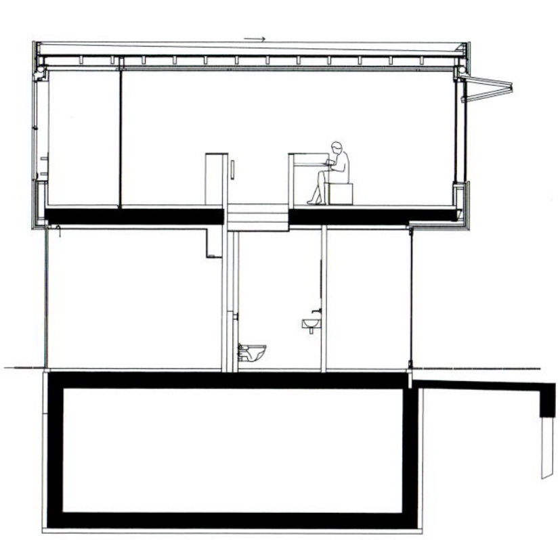

VIELFALT IN DER VERTIKALEN

/// Hoch gestapelt: Dieses Baugruppenprojekt in Berlin-Mitte schließt eine Lücke im Straßenraum und verbindet die Raumqualitäten eines individuellen Eigenheims mit den Annehmlichkeiten urbanen Wohnens. Die Zuschnitte der mehrgeschossigen, miteinander verschränkten Einheiten sind an der Fassade ablesbar und tragen zum abwechslungsreichen Erscheinungsbild bei.

3. Preis / Grüntuch Ernst Architekten / Berlin

Baugruppenhaus in Berlin

Urbanes Leben liegt im Trend: Die Innenstädte haben in den vergangenen Jahren als Wohnstandorte wieder an Attraktivität gewonnen. Gerade auch junge Familien wissen die Vorteile zentraler Lagen, kurzer Wege und intakter Infrastruktur zu schätzen – Wohnumfeldqualitäten, die ihnen die typischen Einfamilienhausquartiere an der Peripherie nicht bieten können. Zugleich sind angesichts gesellschaftlicher und demografischer Veränderungen neue Modelle innerstädtischen Wohnens gefragt: Ob Singlehaushalt, Patchworkfamilie oder Mehrgenerationengemeinschaft – es gilt, geänderten Bedürfnissen und unterschiedlichsten Lebensentwürfen in geeigneter Weise Rechnung zu tragen.

Der Wunsch nach individuellen Wohnkonzepten, die trotz städtischer Dichte eine attraktive und erschwingliche Alternative zum suburbanen Eigenheim darstellen, lässt sich mit Angeboten von der Stange jedoch meist nicht erfüllen. Gerade in diesen Fällen sind Baugemeinschaften eine interessante Alternative: Der Zusammenschluss privater Bauherren bietet die Möglichkeit, auch ein größeres Bauvorhaben in Eigeninitiative und nach eigenen Vorstellungen zu realisieren, ohne spekulative Kostenelemente, wie beispielsweise die Rendite eines Bauträgers, ins meist knappe Budget mit einkalkulieren zu müssen. In Berlin konzentrieren sich Baugruppen vor allem auf die Innenstadt, auf Bereiche, in denen Lücken oder Brachflächen noch ein reichliches

/// Linke Seite: Ebenso elegant wie unprätentiös ist der offene, über zwei Geschosse reichende Gemeinschaftsbereich in der obersten Einheit gestaltet. Die Küche verschwindet hinter maßgefertigten Einbauten, Glasbrüstungen sorgen für Blicktransparenz.

/// Weiß getünchte Wände und heller Terrazzoboden geben in der Maisonette den Ton an. Die offene Küche hält Sichtkontakt zum Essplatz, der sich in einen Luftraum weitet. Die lange Tafel ist ein beliebter Treffpunkt für Familienmitglieder und Freunde.

Nachverdichtungspotenzial bieten. Oft werden die Projekte von Architekten initiiert, wie auch dieses Mehrfamilienhaus in der Spandauer Vorstadt.

Sieben Eigentumseinheiten, darunter auch das Büro der Architekten in den beiden unteren Geschossen, verteilen sich auf ein Gebäudeensemble, bestehend aus einem Vorder- und einem Gartenhaus. Es gibt hier keine standardisierten Grundrisse, stattdessen komplexe Raumkonfigurationen, die individuell auf die unterschiedlichen Bedürfnisse der Nutzer zugeschnitten sind und dennoch offen bleiben für Veränderungen: Übereinander geschichtete und miteinander verschränkte Raumfolgen entwickeln sich in Form gestapelter Eigenheime in die Vertikale, das Angebot reicht von geschlossenen Individualräumen bis hin zu offenen Loftgrundrissen.

Die Zuschnitte dieser unterschiedlich großen, sich über mehrere Etagen erstreckenden Einheiten sind auch an der Fassade deutlich ablesbar, was zum differenzierten, abwechslungsreichen Erscheinungsbild des Hauses beiträgt. Die einzelnen Wohnungen gruppieren sich um zweigeschossige Loggien oder Dachterrassen, die als Gartenersatz in luftiger Höhe dienen. Deckenhohe Glasfronten geben

/// Die großformatigen Fassadenöffnungen liegen in den Sichtachsen und erlauben Durchblicke von der Straßenseite bis zum Innenhof. Warmtoniges Parkett und ein offener Kamin sorgen auf der Empore oberhalb des Küchentrakts für eine behagliche Atmosphäre.

/// Rechte Seite: Die Fensterfront der Maisonette erstreckt sich über beide Geschosse. Reizvolle Ausblicke bieten sich vom höher gelegenen Wohnbereich auf der Galerie: Über die Dachterrasse sowie die kleine Grünanlage vorm Haus hinweg reicht der Blick auf die Berliner Stadtlandschaft.

den Blick Richtung Stadt sowie auf die kleine gegenüberliegende Grünanlage frei und beziehen auch den Außenraum in das Wohnerlebnis mit ein.

Die erdgeschossnahen Räume lassen sich – sowohl im Vorder- als auch im Gartenhaus – für unterschiedlichste Zwecke nutzen: Sie sind als Geschäfte, Büros, Ateliers oder Ausstellungsflächen gleichermaßen geeignet, funktionieren aber beispielsweise ebenso gut als seniorengerechte Wohnflächen. Auf diese Weise entsteht innerhalb der Hausgruppe auch auf lange Sicht eine lebendige Vielfalt – sowohl was die unterschiedlichen Nutzungsmöglichkeiten als auch was die Bewohnerstruktur betrifft. Darüber hinaus bietet das Mehrgenerationenprojekt in verdichteter Form, was Bauherren üblicherweise im Einfamilienhaus zu verwirklichen suchen: individuelle Architektur, maßgeschneiderte Grundrisse, die auch auf lange Sicht flexibel bleiben, sowie qualitätvolle Freibereiche, die sogar im städtischen Umfeld mehr Privatheit schaffen als so manches konventionelle Eigenheim auf der grünen Wiese.

/// Das Büro der Architekten ist in den beiden untersten Etagen untergebracht, hier der Blick in den Eingangsbereich im Erdgeschoss. Die Glasfront über der durchlaufenden Arbeitsplatte orientiert sich zur Straße.

/// Mit großer Sorgfalt und Liebe zum Detail wurden auch die Funktionsräume gestaltet. Ganz in Weiß präsentiert sich das innen liegende Duschbad im Elternbereich, das durch ein Oberlicht erhellt wird.

Das Urteil der Jury // Der Entwurf dieses Mehrgenerationenhauses reagiert auf die veränderten Anforderungen, die im Zuge gesellschaftlicher Wandlungen an ein Wohngebäude gestellt werden: Die konventionelle Grundrissaufteilung wird zugunsten offener, vertikaler Raumstrukturen aufgelöst, die sich wechselnden Ansprüchen und Lebenssituationen anpassen können und ein hohes Maß an Flexibilität bieten. Zweigeschossige Loggien sowie Dachgärten beziehen auch den Außenraum mit ein und schaffen Privatheit trotz urbaner Dichte. Auf diese Weise sind hier sehr differenzierte, großzügige Einheiten entstanden, deren Wohnqualität einem individuellen Einfamilienhaus durchaus vergleichbar ist. Private und halb öffentliche Bereiche – Büros, Ateliers, Ausstellungsräume – sind geschickt miteinander kombiniert. In seiner konsequenten Haltung und Funktionalität bietet das Baugruppenhaus eine sowohl konzeptionell als auch gestalterisch überzeugende Lösung für Wohnen und Arbeiten in der Stadt.
Der Entwurf wurde mit dem dritten Preis ausgezeichnet.

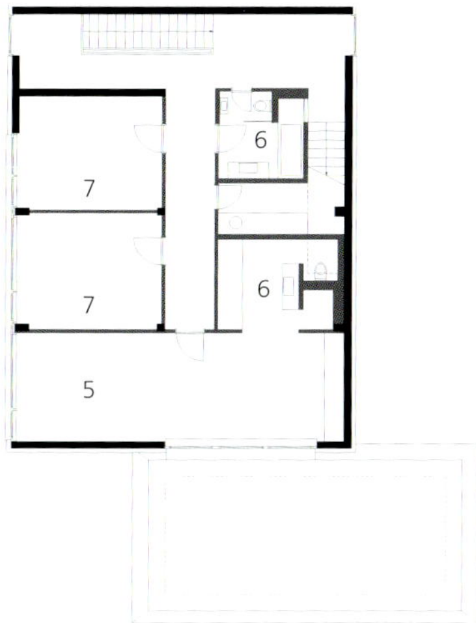

2. Obergeschoss
M 1:300

1 Kochen
2 Essen
3 Wohnen/Arbeiten
4 Schrankwand/Ankleide
5 Schlafen
6 Bad
7 Kind

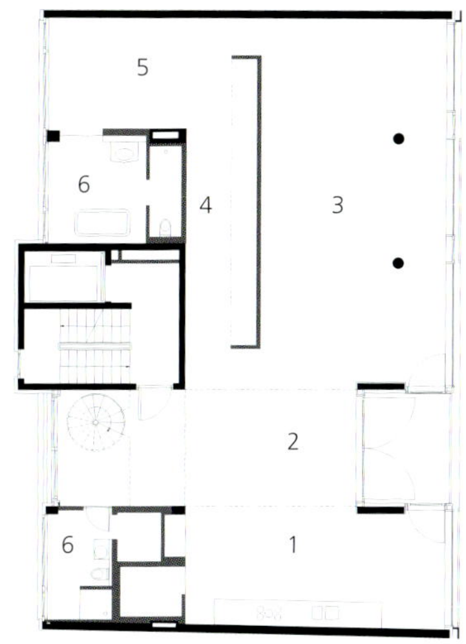

Gebäudedaten

Grundstücksgröße: 1.014 m²
Wohnfläche: 1.119 m²
Zusätzliche Nutzfläche: 452 m²
Anzahl der Bewohner: 15
Bauweise: massiv (Stahlbetonkonstruktion)
Energiekonzept: Gasbrennwertthermen, Dreifachisolierverglasungen, hofseitige Fassade im Wärmedämmverbundsystem
Heizwärmebedarf: 52,83 kWh/m²a (Vorderhaus), 49,58 kWh/m²a (Gartenhaus)
Primärenergiebedarf:
76,02 kWh/m²a (Vorderhaus),
84,86 kWh/m²a (Gartenhaus)
Fertigstellung: 2008

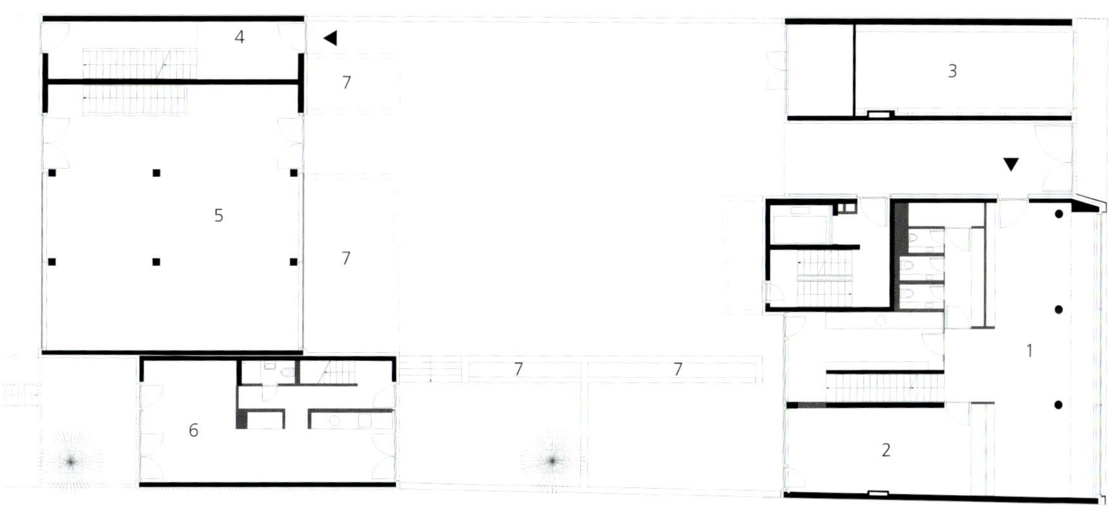

Erdgeschoss
M 1:300

1 Büro/Empfang
2 Besprechungsraum
3 Zufahrt Tiefgarage
4 Zugang Wohnung 2./3. OG
5 Atelier
6 Gartenhaus
7 Pflanztröge

Schnitt ohne Maßstab

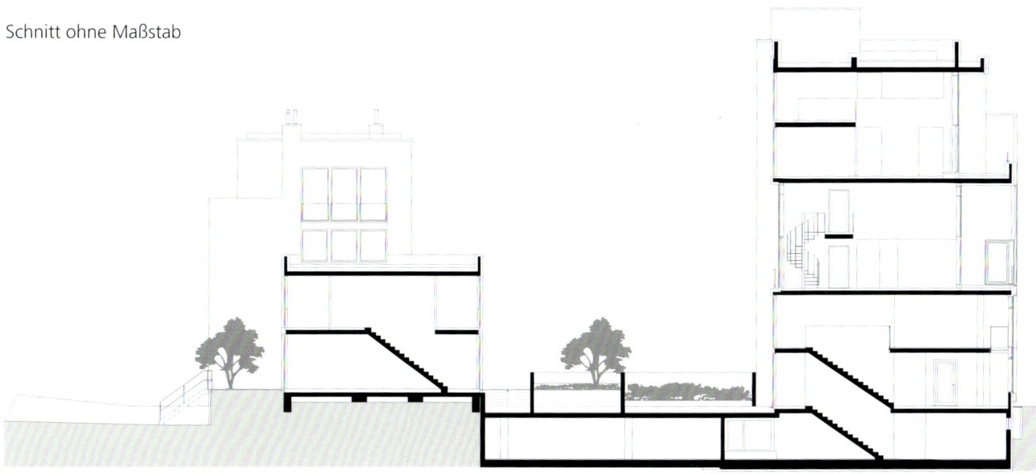

Lageplan

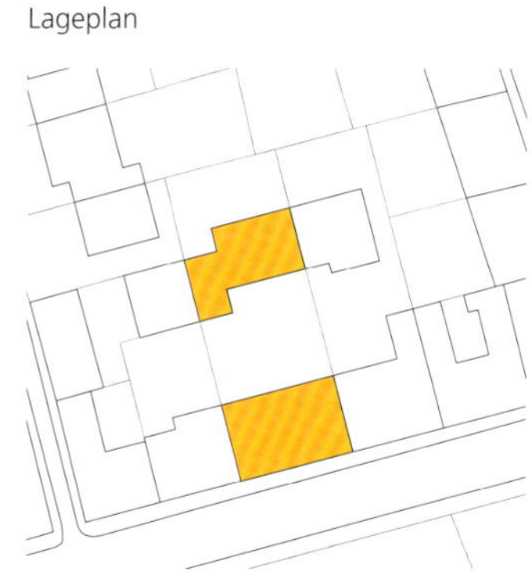

KLUGES SPIEL MIT KLAREN FORMEN

/// Klare Linien und kubische Formen prägen die Ansichten dieses großzügig angelegten Einfamilienhauses in einem Münchner Vorort. Die Fassade ist ringsum mit vertikalen vorbewitterten Lärchenholzleisten verkleidet, die an den Ecken präzise aufeinandertreffen und teilweise als Läden zu öffnen sind.

Auszeichnung / lynx architecture / München

Einfamilienhaus in München

Understatement nach außen hin, Raumluxus und technische Raffinesse im Innern charakterisieren dieses großzügige Familiendomizil in München. Für das weitläufige Grundstück in einem stark durchgrünten, gewachsenen Wohngebiet entwarfen die Architekten ein Haus, das trotz seines enormen Volumens und der beachtlichen Wohnfläche von knapp 500 Quadratmetern erstaunlich unauffällig in Erscheinung tritt: Der Baukörper ist in der Höhe gestaffelt, ein eingeschossiger Vorbau sowie die Garage schaffen Distanz zur Straße und lassen einen kleinen Vorplatz entstehen, der zum Haupteingang führt.

Schnörkellos modern und unprätentiös ist auch die Fassade des Flachbaus gestaltet, der allseitig mit vertikal montierten, vorvergrauten Lärchenholzlatten umhüllt wurde. Im Laufe der Jahre wird die Außenhaut noch mehr Patina annehmen und das Gebäude auch optisch in seine natürliche Umgebung einbinden. Für die Verschattung der Fenster wurde in Zusammenarbeit mit einem Fachingenieur eine Sonderkonstruktion entwickelt: Die elektrisch betriebenen Faltschiebeläden lassen sich, anders als sonst marktübliche Antriebe, völlig plan mit der Fassade schließen. Je nach Stellung dieser Läden variiert auch das äußere Erscheinungsbild.

Das Wohnhaus ist mittig auf dem Areal platziert und lebt vom intensiven Bezug zwischen innen und außen. Jeder Ebene sind Freibereiche vorgelagert, die sich in unterschied-

/// Die Holzlamellen sind teils fest montiert, teils beweglich: Als Sicht- und Sonnenschutz dienen elektrisch betriebene Faltschiebeläden, die plan mit der Fassade schließen und die Räume in der oberen Etage uneinsehbar machen.

/// Das Gebäude beschreibt eine U-Form und umschließt in seiner Mitte eine Terrasse, die diagonale Blickbeziehungen zwischen den einzelnen Trakten ermöglicht. Schiebetüren sorgen für fließende Übergänge zwischen innen und außen.

/// Linke Seite unten: Jeder Wohnebene sind Freibereiche mit unterschiedlichen Aufenthaltsqualitäten zugeordnet: Ein Tiefhof auf der Nordseite versorgt den Gäste- und Wellnessbereich mit natürlichem Licht und lässt einen sichtgeschützten Außenraum entstehen.

/// Der offene Wohnbereich im Erdgeschoss wird über die deckenhohen Glasfronten mit Licht geflutet. Ein Kamin sorgt in den kühleren Jahreszeiten für Lagerfeueratmosphäre und fungiert zugleich als dekorativer Raumteiler.

liche Himmelsrichtungen orientieren: An der Nordseite sorgt ein Tiefhof für die natürliche Belichtung und Belüftung des Gäste- und Wellnessbereichs im Untergeschoss. Auf der Südseite umschließt das U-förmige Gebäude im Erdgeschoss eine geschützt liegende Terrasse, während am Pool ein großzügiges Holzdeck zum Sonnenbad einlädt. Im Westen erweitert sich der Elterntrakt im Obergeschoss auf eine vorgelagerte Dachterrasse, die man von der Straße aus nicht wahrnimmt: Sie verschwindet hinter den hochgezogenen Lärchenholzleisten der Brüstung.

Ebenso klar wie konsequent ist auch der Grundriss angelegt. Das zurückhaltende äußere Erscheinungsbild des Hauses spiegelt sich im puristischen Interieur wieder: Wenige Materialien und Farben – Eichenholz, Basaltstein, Sichtbeton – prägen den Raumeindruck des offenen Wohnbereichs im Erdgeschoss. Im Zentrum steht ein massiver, aus Beton gegossener Küchenblock, der über eine Deckenöffnung zusätzliches Licht von oben erhält.

Zu den weiteren Finessen, die fast unsichtbar für hohen Wohnkomfort sorgen, gehört ein Bus-System, das alle licht-, elektro- und medientechnischen Komponenten steuert. Ebenso selbstverständlich wie die Ausstattung mit modernster Haustechnik ist auch eine energieeffiziente Bauweise. Das Haus wird über eine Grundwasserwärmepumpe beheizt, zusätzlich wurden zur Heizungsunterstützung und Warmwasserbereitung – insbesondere für den Pool – thermische Solarkollektoren auf dem Flachdach installiert.

/// Breite Eichenholzdielen in Kombination mit Sichtbetonelementen und hellen Putzflächen bestimmen den Raumeindruck in der Wohnebene. Schöne Aussichten in den angrenzenden Garten bieten sich auch vom massiven Küchenarbeitsblock im Zentrum.

/// Wenige Farben und Materialien prägen die Atmosphäre im Elternbad auf der Westseite. Es wird über eine durchlaufende Fensterfront üppig mit Licht versorgt, die Spiegelwand über dem Waschtisch lässt den Raum optisch größer wirken.

/// Bild links: Blick in den Flur in der oberen Etage. Ein Luftraum erlaubt Sichtkontakt zwischen den beiden Wohnebenen, ein Oberlichtband lässt zusätzliche Sonnenstrahlen bis in die Küche im Erdgeschoss vordringen.

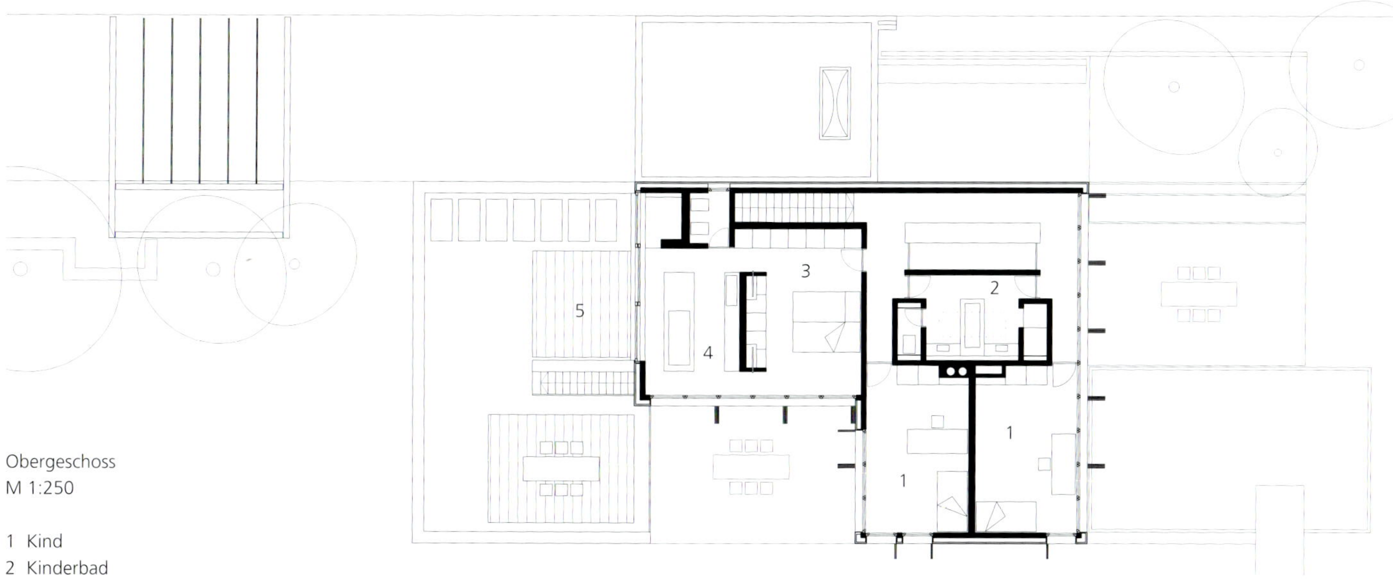

Obergeschoss
M 1:250

1 Kind
2 Kinderbad
3 Eltern
4 Elternbad
5 Dachterrasse

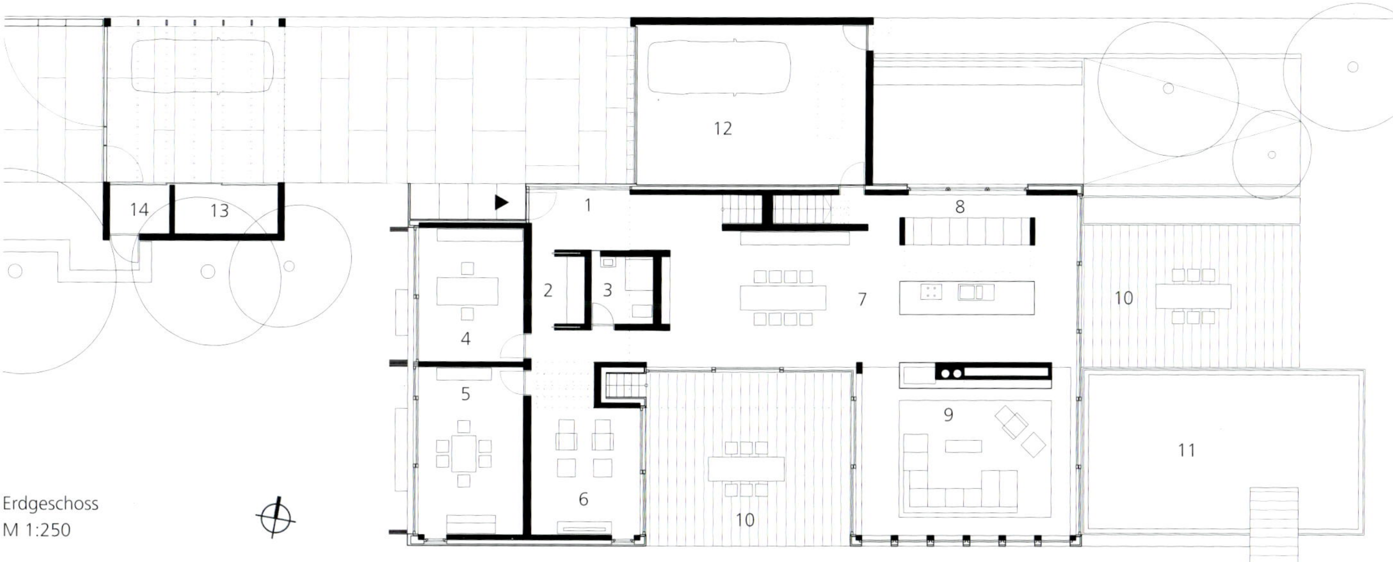

Erdgeschoss
M 1:250

1 Eingang/Diele
2 Garderobe
3 Gästebad
4 Büro
5 Zimmer/Kinder
6 Medienraum
7 Kochen/Essen
8 Vorräte
9 Wohnen
10 Terrasse
11 Pool
12 Garage
13 Fahrräder
14 Müll

Lageplan

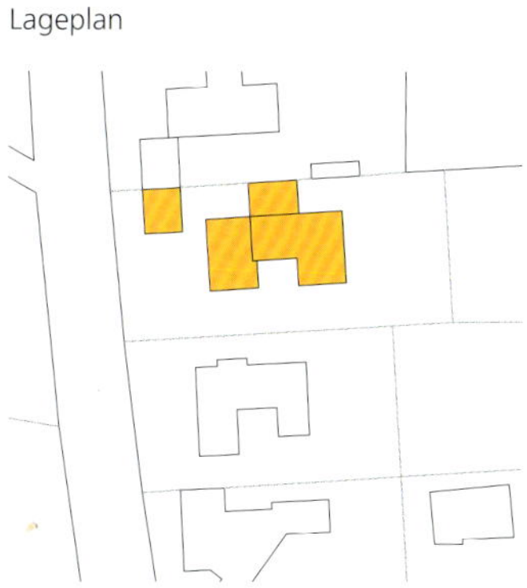

Schnitt ohne Maßstab

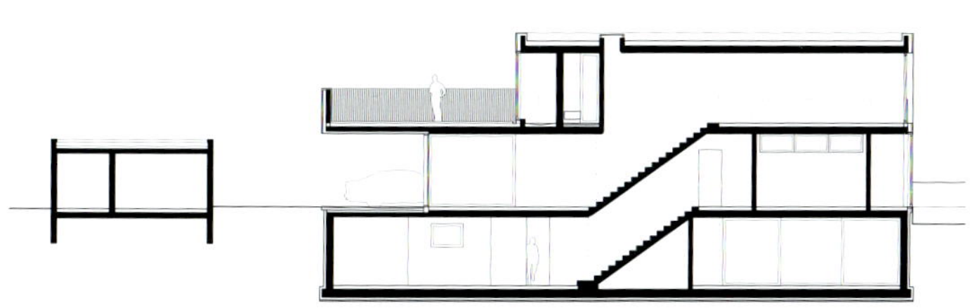

Gebäudedaten

Grundstücksgröße: 1.400 m²
Wohnfläche: 475 m²
Zusätzliche Nutzfläche: 69 m²
Anzahl der Bewohner: 4
Bauweise: massiv (Stahlbetonkonstruktion), Fassadenverkleidung mit vorvergrautem Lärchenholz
Energiekonzept: Grundwasserwärmepumpe, Betonkernaktivierung, kontrollierte Wohnraumlüftung, thermische Solarkollektoren
Heizwärmebedarf: 58,45 kWh/m²a
Primärenergiebedarf: 63 kWh/m²a
Fertigstellung: 2008

RAUM-WUNDER IN ZWEITER REIHE

/// Wunderbare Wandlung: Ein ehemaliges Werkstattgebäude im Innenhof einer Blockrandbebauung wurde zu einem modernen Familiendomizil umfunktioniert. Der kleine Patio hinter der Umfassungsmauer, der mit Kiesflächen und Bruchsteinplatten neu gestaltet ist, dient als zusätzliches Zimmer unter freiem Himmel und ersetzt den fehlenden Garten.

Auszeichnung / Froetscher Lichtenwagner Architekten / Wien

Hofhaus in Wien

Selbst in dicht bebauten Innenstädten gibt es noch Restflächen und Raumreserven zu entdecken, die ungenutzt vor sich hin schlummern. So war es auch in diesem Fall: In einem Hinterhof im 6. Wiener Bezirk stieß die Bauherrin auf eine verfallene, ungenutzte Werkstatt aus der Nachkriegszeit, die zum Verkauf stand. Jenseits der Grundstücksgrenze schließt sich die parkartige Grünanlage eines Krankenhauses mit altem Baumbestand an. Dass sich die marode Holzbaracke nicht mehr sanieren lassen würde, war rasch klar, doch der Charme des ruhigen, verwunschenen Grundstücks mitten in der City gab den Ausschlag, die ungewöhnliche Immobilie zu erwerben.

Auf diesem Areal ein modernes Einfamilienhaus zu errichten, gestaltete sich jedoch alles andere als einfach: Die Parzelle war nicht als Baugrund, sondern als „gärtnerisch auszugestaltende Fläche" ausgewiesen, was einen kompletten Abriss und Neubau unmöglich machte. Planungsrechtlich war also nur eine Änderung innerhalb der bestehenden Hülle zulässig – mit einem Abbruch wäre gleichzeitig auch das Baurecht an dieser Stelle erloschen. Hinzu kam, dass das Grundstück in zweiter Reihe liegt und die Durchfahrt im Vorderhaus für Lastwägen zu schmal ist, was die Materialanlieferung sowie die Bauarbeiten zum logistischen Balanceakt werden ließ.

/// Rechte Seite oben: Hell und freundlich wirkt der offene Wohnbereich. Deckenhohe Glasfronten fluten den Innenraum von allen Seiten mit Licht, zusätzlich sorgt eine Dachöffnung über dem Essplatz dafür, dass die Sonnenstrahlen auch von oben hereinfallen können.

/// Rechte Seite unten: Holz wurde hier nicht nur als konstruktives, sondern auch als gestalterisches Material eingesetzt. Die Boxen, die in den offenen Raum eingestellt sind und unterschiedliche Wohnfunktionen aufnehmen, sind ebenso wie die Fassaden durchgängig mit Lärchenholzleisten verkleidet.

/// Das Grundstück wird beidseits von dichter Bebauung bedrängt, bietet jedoch im Nordosten freie Ausblicke auf den alten Baumbestand einer angrenzenden Parkanlage. Die Backsteinmauer im Eingangsbereich wurde mit alten Ziegeln neu aufgemauert und schirmt den dahinter liegenden Innenhof gegen fremde Blicke ab.

Umso beachtlicher ist es, dass trotz dieser komplizierten Rahmenbedingungen und der beengten räumlichen Situation hier ein großzügiges neues Familiendomizil samt separat zugänglicher Einliegerwohnung entstanden ist. Um den Altbau heutigen Standards anzupassen, mussten sich die Architekten systematisch von innen nach außen vorarbeiten: Während die alte Dachkonstruktion zunächst bestehen blieb, wurde die Baracke darunter Stück für Stück abgetragen. Im Anschluss an die Fundamentsanierung wurde eine Bodenplatte in Beton gegossen und die alte Konstruktion durch neue Bauteile – vorgefertigte Wand- und Deckenelemente in Holzständerbauweise – ersetzt. Die Einzelteile mussten mithilfe eines Krans vom Nachbargrundstück auf die Baustelle gehoben werden.

Dem Wunsch der Bauherrin nach privaten Rückzugsbereichen mit separaten Zimmern einerseits sowie loftähnlicher Großzügigkeit mit offenen Räumen andererseits entsprachen die Architekten, indem sie ein lockeres Gefüge aus einzelnen Raumboxen entwarfen: Diese nehmen unterschiedliche Wohnfunktionen auf und sind wie große Möbelstücke frei im Raum platziert. Um das Konzept auch nach außen hin sichtbar zu machen, sind die Boxen durchgängig mit Lärchenholz umhüllt. Die vertikale Leistenstruktur setzt sich im Freien als Fassadenverkleidung fort und lässt die Grenzen zwischen Innen- und Außenraum verschwimmen. Die Öffnungen zwischen den Boxen sind deckenhoch verglast, breite Schiebetüren führen in den kleinen patioartigen Garten, der in das Wohnerlebnis miteinbezogen wurde: Den einzelnen Raumeinheiten sind jeweils sichtgeschützte Innenhöfe mit Terrassen vorgelagert, die das Grundstück in der wärmeren Jahreszeit zu einem großen Freiluftzimmer werden lassen, das von einem mächtigen alten Kastanienbaum beschirmt wird.

/// Die Bereiche zwischen den Boxen sind raumhoch verglast. Breite Schiebetüren öffnen sich auf die vorgelagerten Terrassen und beziehen den Außenraum in das Wohnerlebnis mit ein. Die Grenzmauer hinter dem Haus ist ein Relikt aus der Jahrhundertwende.

/// Als Fußbodenbelag wurde ein einheitliches Material eingesetzt: Die fugenlos hergestellte, mineralische Beschichtung erinnert an die natürliche Lebendigkeit einer Betonoberfläche und verstärkt auch optisch die Wirkung des durchgehenden Raumflusses.

Erdgeschoss
M 1:200

Familienwohnung:
1 Diele
2 Abstellen
3 Küche
4 Essen/Wohnen
5 Zimmer
6 Bad
7 WC
8 Schlafen
9 Terrasse

Einliegerwohnung:
10 Diele mit Kochnische
11 Duschbad
12 Büro/Wohnen

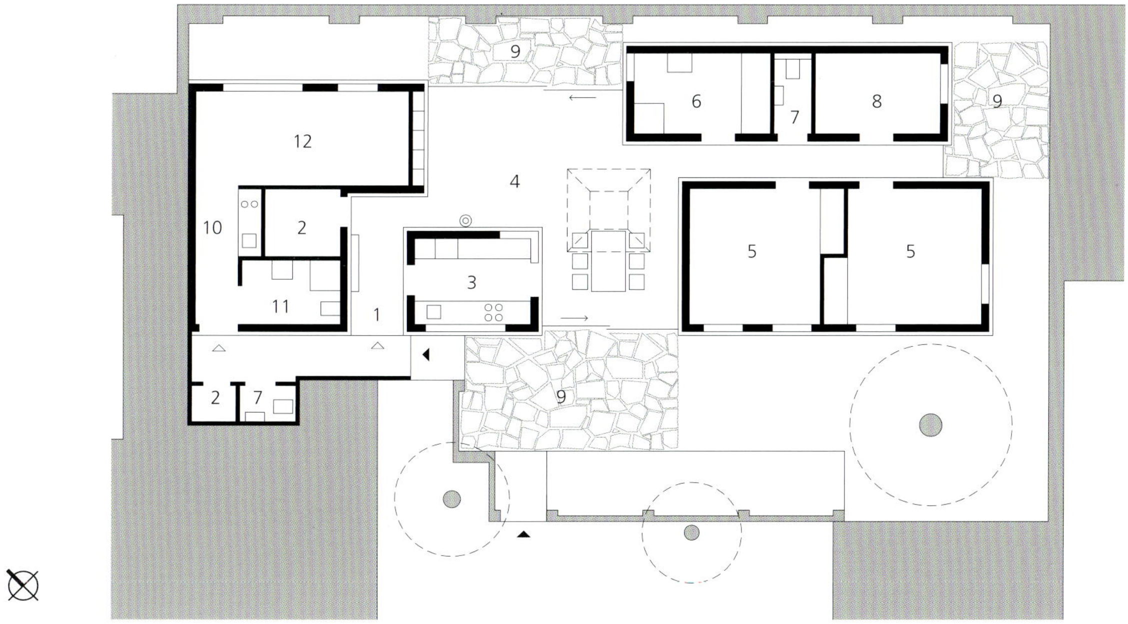

Schnitt
M 1:200

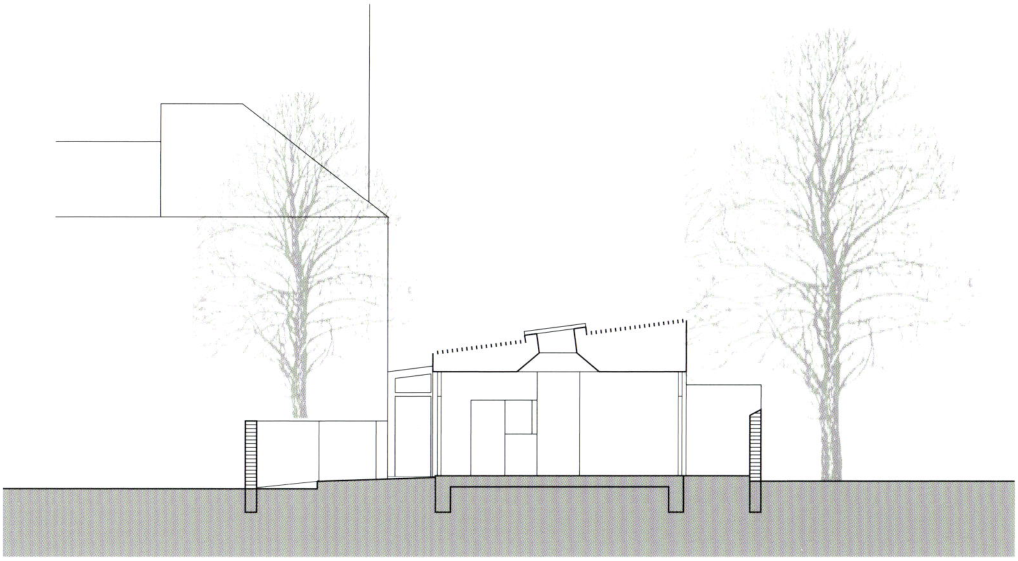

Lageplan

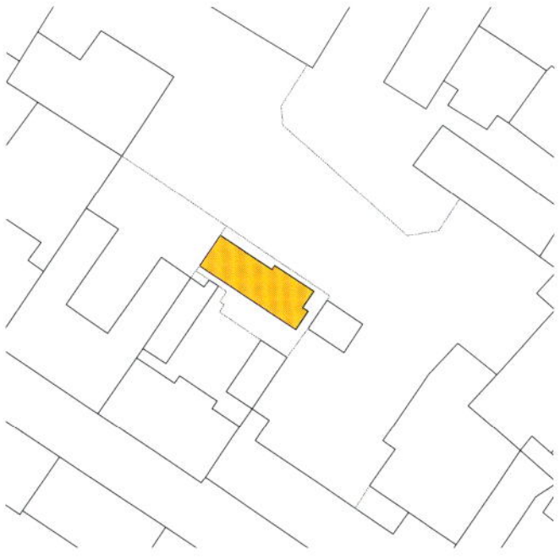

Gebäudedaten

Grundstücksgröße: 290 m²
Wohn- und Nutzfläche: 132 m²
Anzahl der Bewohner: 3
Bauweise: Holzriegelkonstruktion mit vorgefertigten Wand- und Deckenelementen
Energiekonzept: Dreifachisolierverglasung, Gastherme
Heizwärmebedarf: 45 kWh/m²a
Fertigstellung: 2008

ARCHITEKTUR IM AUFWÄRTSTREND

/// Auf einem winzigen Grundstück inmitten der Erfurter Altstadt entstand dieser Neubau. Seine Straßenansicht orientiert sich an den horizontalen Fensterbändern der historischen Bebauung, das verspielte Muster der goldfarben verkleideten Sockelzone bricht die klaren Linien auf. Der aufgemalte Porsche soll Falschparker vertreiben: Hinter dem Schiebetor liegt die Garage.

Auszeichnung / dma deckert mester architekten / Erfurt
Stadthaus in Erfurt

Die Erfurter Altstadt gehört zu den größten zusammenhängenden mittelalterlichen Stadtstrukturen Deutschlands und steht heute komplett unter Ensembleschutz. Nach der Wende fühlte man sich hier jedoch an Szenerien aus der Nachkriegszeit erinnert: Marode Bauten mit kaputten Fenstern und undichten Dächern sowie eingefallene Häuser prägten das Straßenbild. Noch immer klaffen viele Lücken, etliche Grundstücke, die aufgrund ihres schwierigen Zuschnitts wenig attraktiv erscheinen, sind entsprechend günstig zu haben. Per Zufall wurden die Architekten auf ein winziges Areal im Sanierungsgebiet aufmerksam – mitten im Herzen der Altstadt, direkt neben dem Domplatz. Da sich kein anderer Interessent für die Parzelle fand, ging sie für einen Quadratmeterpreis von 250 Euro an die Bauherren in spe.

Ursprünglich hatte an dieser Stelle das mittelalterliche „Haus zur Rose" gestanden, das jedoch 1984 abgerissen worden war. Das frei gewordene Areal galt als kaum bebaubar, da die dreiseitigen Brandwände zu den Nachbarn lediglich eine Belichtung über die Straßenfassade zulassen. Die Architekten nahmen dies als besondere planerische Herausforderung und sahen eher die Vorteile, die in der kompakten Bauweise eines Stadthauses liegen: Sie ist nicht nur ein sinnvoller Beitrag zum ressourcenschonenden und flächensparenden Bauen, sondern macht sich auch bei der Energiebilanz positiv bemerkbar. Mit den bestehenden und

/// Die goldfarbene Alu-Verkleidung mit ihrem per Laser ausgefrästen unregelmäßigen Rosenmuster dient als Sicht- und Einbruchsschutz. Dank ihrer stimmungsvollen Beleuchtung lässt sich die Garage problemlos zum Partyraum umfunktionieren.

/// Das Dachzimmer orientiert sich auf die vorgelagerte Terrasse und wird zum Lesen oder Musikhören genutzt. Das reduzierte Farb- und Materialkonzept sowie die sparsame Möblierung lassen den kleinen Raum optisch größer wirken.

/// Linke Seite: Erschließungsraum und Kunsthalle zugleich ist das innen liegende Treppenhaus, das über eine Öffnung im Dach mit Tageslicht versorgt wird. Die geschlossenen Brüstungselemente aus Flachstahl lassen Höhenangst erst gar nicht aufkommen.

den künftigen Nachbarhäusern, die nach und nach die Lücken rechts und links füllen werden, reduzieren sich die außen liegenden Hüllflächen – und damit auch die Energieverluste.

Als schlichter kubischer Bau in klassisch moderner Formensprache behauptet das kleine Stadthaus nun selbstbewusst seine neue Position. Die typischen horizontalen Fensterbänder der Altstadthäuser wurden aufgenommen, jedoch mit zeitgemäßen Mitteln neu interpretiert: Sie sind rahmenlos und ohne Sprossengliederung ausgeführt und sorgen für eine optimale Belichtung der Innenräume. Die Sockelzone wird von einer goldfarbenen Aluminium-Verkleidung betont, aus der ein verspieltes Rosenmuster ausgestanzt wurde. Diese unregelmäßige Struktur bildet einen reizvollen Kontrast zur formalen Strenge des verputzten Baukörpers und erinnert an den Namen des Vorgängerhauses. Zudem dient die Lochblechblende als Sicht- und Einbruchsschutz, ohne das Haus hermetisch abzuriegeln: Tagsüber kann durch die kleinen Öffnungen gefiltertes Tageslicht in Garage, Gästezimmer und Ein-

/// Ganz in Weiß: Mediterranes Flair und sommerliche Urlaubsgefühle vermittelt die großzügige Terrasse in der obersten Etage, die in der warmen Jahreszeit zu einem zusätzlichen Zimmer im Freien wird. Sie ersetzt den fehlenden Garten und bietet eine fantastische Aussicht auf die Dachlandschaft der Erfurter Altstadt.

gangsbereich dringen, nachts leuchtet der Baukörper von innen heraus.

Ihr besonderes Augenmerk legten die Architekten auch auf ein typisches Stadthaus-Problem: Da die Belichtung nur über die Straßenfront möglich ist, galt es, dieses Defizit so gut wie möglich auszugleichen. Die Schlafräume sind daher im ersten Geschoss untergebracht, damit die Essküche sowie die Wohn- und Arbeitsbereiche in den oberen Etagen umso mehr vom Tageslicht profitieren können, das über die schmale Gasse hereinfällt. Eine Lichtkuppel über dem dreigeschossigen Luftraum der Treppenhalle erhellt auch den rückwärtigen Bereich. Zudem wird auf diese Weise eine optimale Querlüftung sichergestellt: Das Treppenhaus wirkt wie ein Schacht und entfaltet eine entsprechende Sogwirkung – angestaute warme Luft kann über die Öffnung im Dach rasch entweichen. Den krönenden Abschluss des Hauses bildet eine südorientierte Dachterrasse, die den fehlenden Garten ersetzt und einen fantastischen Blick auf die Erfurter Stadtkulisse freigibt.

/// Kernstück des Hauses ist die gut drei Meter hohe Wohnküche mit offenem Kamin. Estrichboden und rohe Sichtbetondecken kontrastieren reizvoll mit den maßgefertigten weißen Einbauten, die viel Stauraum bieten.

/// Die einfachen Nachttischlampenschirmchen sorgen für wechselnde Beleuchtungseffekte: Sie lassen sich in den Deckensteckdosen beliebig verteilen – und kommen sogar in der Garage gut zur Geltung.

/// Ganz oben: Die beiden Schlafzimmer sind im ersten Obergeschoss untergebracht. Puristische Einfachheit und sparsame Möblierung prägen auch hier den Raumeindruck.

/// Das Gästezimmer befindet sich im Erdgeschoss, neben Garage und Eingangsbereich: Die Lochblechfassade lässt gefiltertes Licht eindringen, verwehrt jedoch direkte Einblicke von der Straße.

/// Schöne Aussichten auf die private Kunstsammlung bieten sich von der Arbeitsgalerie im Dachgeschoss, die durch das Oberlicht über dem Treppenraum zusätzlich erhellt wird.

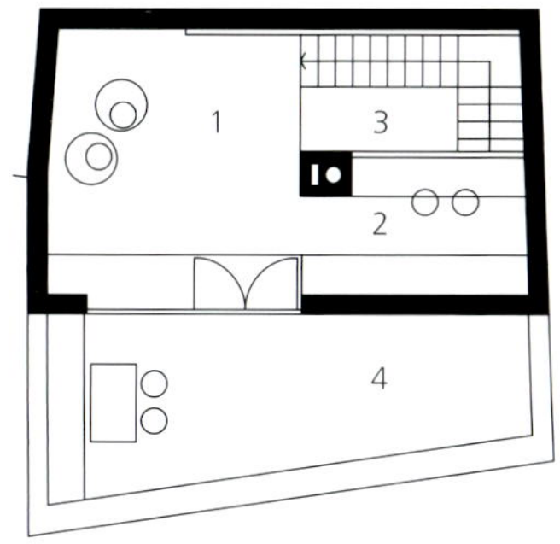

Dachgeschoss
M 1:200

1 Lesen
2 Galerie/Arbeiten
3 Luftraum
4 Dachterrasse

Lageplan

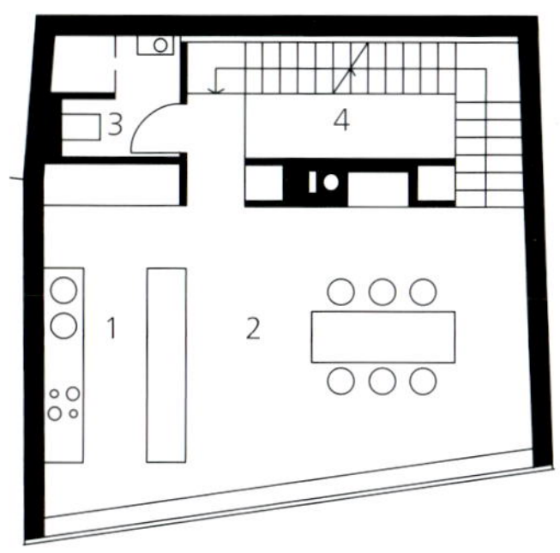

2. Obergeschoss
M 1:200

1 Kochen
2 Essen
3 Duschbad
4 Luftraum

Gebäudedaten

Grundstücksgröße: 60 m²
Wohnfläche: 135 m²
Zusätzliche Nutzfläche: 28 m²
Anzahl der Bewohner: 2
Bauweise: massiv (Gasbeton/Stahlbeton/KS-Mauerwerk)
Baukosten je m² Wohn- und Nutzfläche: ca. 1.520 Euro
Baukosten gesamt: 248.000 Euro
Energiekonzept: Erdwärmepumpe mit Tiefensonde, Kaminofen als Zusatzheizung
Heizwärmebedarf: 33,4 kWh/m²a
Primärenergiebedarf: 57,1 kWh/m²a
Fertigstellung: 2009

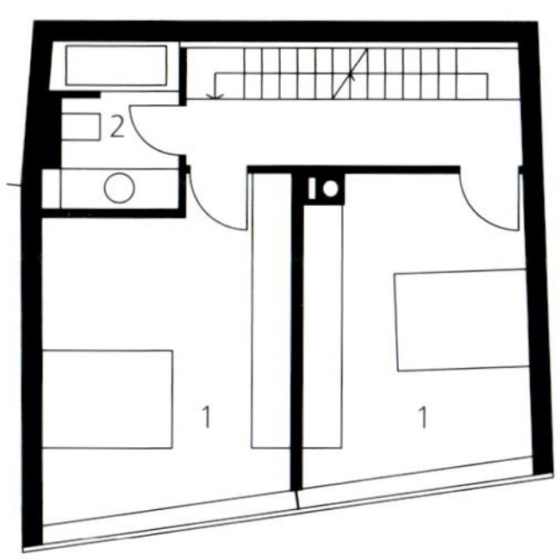

1. Obergeschoss
M 1:200

1 Schlafen
2 Bad

Schnitt
M 1:200

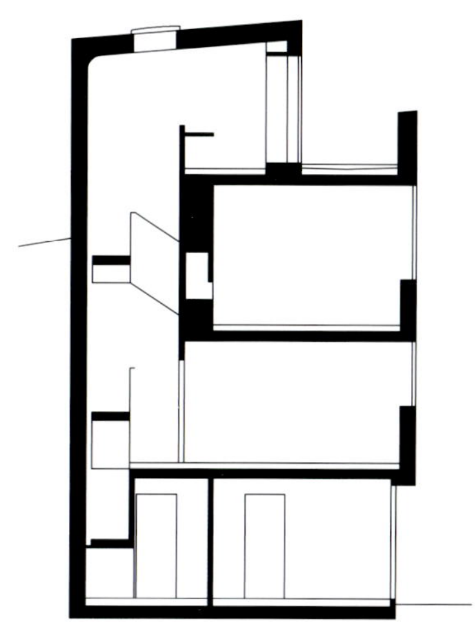

/// Die kunstvolle Lichtregie der Planer zeigt sich hier auch im Detail: Die Treppenläufe sind von der Rückwand abgelöst und stellen mit ihren hinterleuchteten Fugen einen weiteren Blickfang dar.

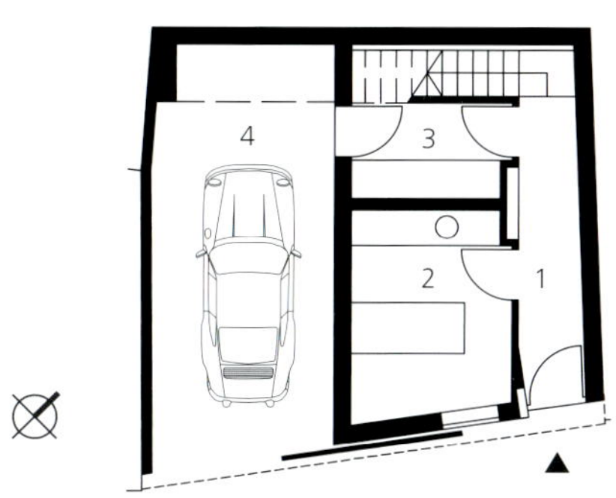

Erdgeschoss
M 1:200

1 Eingang/Flur
2 Gast
3 Heizung/Hausanschluss
4 Garage

ZIMMER MIT BAUMBLICK

/// Archetypisch einfach, mit klarer Umrissform und knappem Dachrand präsentiert sich dieses Einpersonenhaus. Die unterschiedlich großen, in Kupferlaibungen gefassten Öffnungen sind frei über die Fassade verteilt. Der Wechsel von innen liegenden und außen bündigen Fenstern verleiht dem schlichten, mit sägerauem Fichtenholz verkleideten Bau mehr Plastizität.

Auszeichnung / Bernardo Bader / Dornbirn

Einpersonenhaus in Feldkirch

Mit erstaunlichen Häusern, die im besten Sinn der regionalen Tradition verpflichtet sind, hat sich der Vorarlberger Architekt Bernardo Bader seit etlichen Jahren einen Namen gemacht. Sorgfältige Planung und solide Ausführung, ein gutes Gespür für Details sowie der sparsame Umgang mit natürlichen Ressourcen kennzeichnen sämtliche Arbeiten seines Büros. Auf das fachliche Know-how ortsansässiger Handwerker wird dabei ebenso großer Wert gelegt wie auf den Einsatz heimischer Materialien. Auch bei diesem Einpersonenhaus, das in einem Vorort von Feldkirch, unweit der Schweizer Grenze entstanden ist, stammen Fassaden- und Konstruktionshölzer aus der Region.

Dem Wunsch der Bauherrin nach einem kostengünstigen Haus mit optimalem Raumangebot entsprach der Architekt mit einem kompakten, schlichten Satteldachbau. Auf kleinster Grundfläche von gerade einmal 57 Quadratmetern – einschließlich integriertem Stellplatz – reckt er sich turmartig in die Höhe und stellt sich seinem heterogenen baulichen Umfeld mutig und selbstbewusst entgegen. Das Haus hat in seiner Einfachheit nichts Effekthaschendes und weist doch Qualitäten auf, die weit über die der Alltagsarchitektur hinausgehen. Die klare, scharf umrissene Kontur mit knappem Dachüberstand, die sorgsam in Kupferblech gefassten Fensterlaibungen sowie die sägeraue vertikale

/// **Der offene Wohnraum reicht bis unter den First des asymmetrisch geneigten Dachs und wirkt dadurch optisch größer. Wand- und Deckenverkleidungen sind aus Birkensperrholz, der Fußboden erhielt eine Beschichtung mit grauer Zementspachtelmasse.**

Fichtenholzschalung prägen sein Erscheinungsbild. Wenige, gezielt platzierte Öffnungen sind auf die Ausblicke in die Umgebung ausgerichtet, während die Garage dezent im Hausinnern verschwindet.

Die Räume verteilen sich auf drei Etagen: Im Erdgeschoss liegt neben Garage und Eingangsbereich hinter einer durchlässigen Lamellenwand ein unbeheizter „Sommerraum". Die Schlafzimmer sind in der mittleren Ebene untergebracht, das eigentliche Zentrum des Hauses befindet sich in der obersten Etage, wo eine lichtdurchflutete offene Wohnlandschaft die gesamte Geschossfläche einnimmt. Das Fenster im Westen ist mit einer tief liegenden, breiten Brüstung ausgestattet, die zugleich als Sitzgelegenheit dient. Von diesem erhabenen Aussichtsposten aus kann man den Blick über die Dächer der Nachbarn hinweg in die Baumwipfel schweifen lassen.

Die Kosten hielten sich dank des hohen Vorfertigungsgrades und der kurzen Bauzeit in erfreulichen Grenzen. Die Holzkonstruktion wurde aus komplett vorfabrizierten Elementen – einschließlich der Innenwandverkleidungen aus Birkensperrholzplatten – zusammengefügt. Die kompakte Bauweise trägt darüber hinaus zur wirtschaftlichen und energieeffizienten Beheizung des hoch wärmegedämmten Gebäudes bei, die über eine Erdsondenwärmepumpe erfolgt. Damit liefert dieses Haus in jeder Hinsicht den besten Beweis dafür, dass gute Architektur auch erstaunlich günstig sein kann.

/// Die Ausblicke werden überall gekonnt inszeniert: Die tief sitzende Öffnung wirkt wie ein Schaufenster zur Landschaft, eine breite Fensterbank lädt zum Verweilen ein.

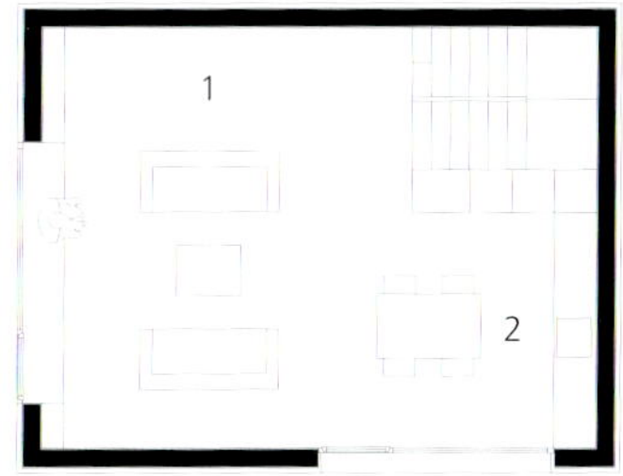

2. Obergeschoss
M 1:200

1 Wohnen
2 Kochen/Essen

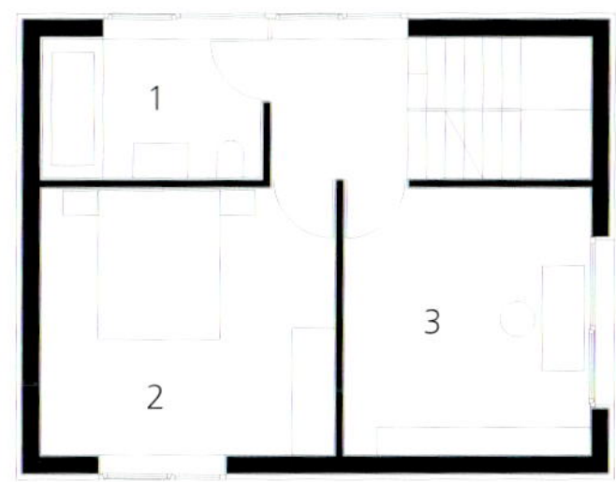

1. Obergeschoss
M 1:200

1 Bad
2 Schlafen
3 Arbeiten

/// Einfach schön: Auch das Treppenhaus ist komplett mit Birkensperrholz ausgekleidet, die Brüstungselemente sind aus demselben Material.

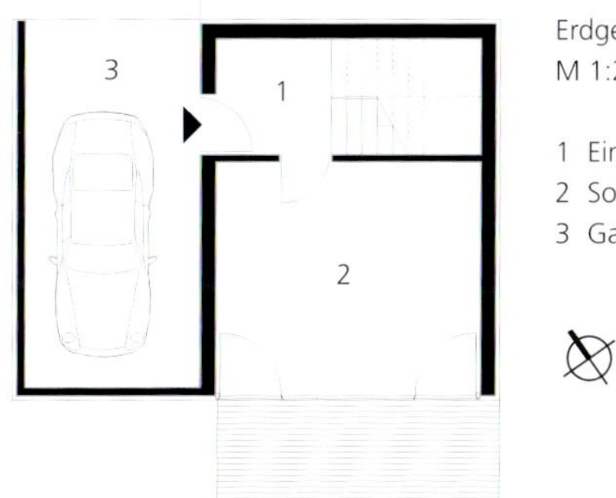

Erdgeschoss
M 1:200

1 Eingang/Treppenhaus
2 Sommerraum „kalt"
3 Garage

Lageplan

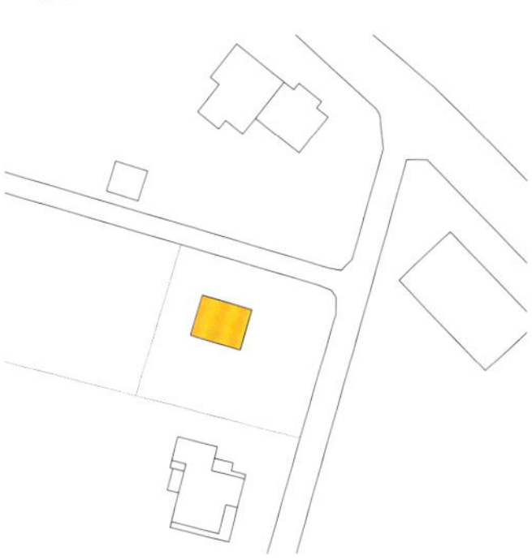

Schnitt
M 1:200

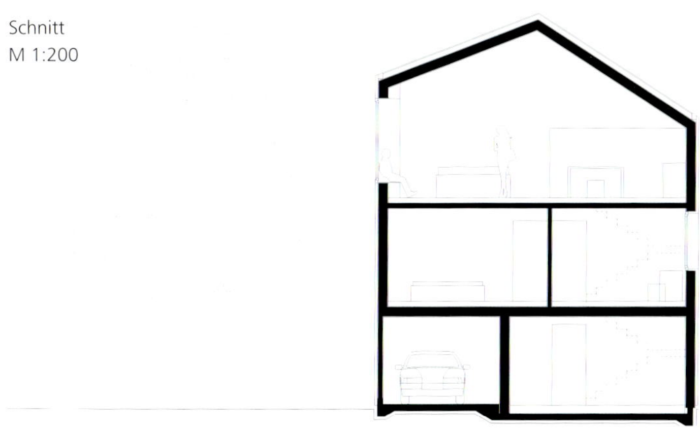

Gebäudedaten

Grundstücksgröße: 645 m²
Wohnfläche: 82 m²
Zusätzliche Nutzfläche: 36 m²
Anzahl der Bewohner: 1
Bauweise: vorfabrizierter Holzelementbau mit Zellulosedämmung
Baukosten je m² Wohn- und Nutzfläche: 1.694 Euro
Baukosten gesamt: 200.000 Euro
Energiekonzept: Erdwärmepumpe mit Tiefensonde
Heizwärmebedarf: 25 kWh/m²a
Fertigstellung: 2007

HANG ZUR AUSSICHT

/// Ganz natürlich ist die Außenhaut dieses Einfamilienhauses: Unbehandelte Weißtannenschindeln überziehen die Fassaden, für die Dachdeckung kam robusteres Zedernholz zum Einsatz. Die homogene Hülle betont den skulpturalen Charakter des kompakten Gebäudes. Im Südwesten erweitert sich der Wohnraum über einen weit auskragenden Balkon ins Freie.

Auszeichnung / Bernardo Bader / Dornbirn

Einfamilienhaus in Schwarzach

Ein besonderes Haus für eine besondere Lage war hier gefordert: Die junge Bauherrin, die in Schwarzach oberhalb des Dorfplatzes am Fuße des Linzenbergs ein Grundstück mit fantastischer Aussicht in die Landschaft geerbt hatte, wünschte sich ein ebenso außergewöhnliches wie alltagstaugliches Familiendomizil. Aus den Vorgaben seiner experimentierfreudigen Auftraggeber entwickelte der Architekt Bernardo Bader einen eigenwilligen Baukörper, der sich wie eine expressive Holzskulptur in den ansteigenden Hang hinein schiebt.

Ein homogenes Kleid aus kleinformatigen Holzschindeln überzieht das ganze Gebäude. Während für die Fassaden Weißtanne verwendet wurde, sind die geneigten Dachflächen mit äußerst haltbaren Schindeln aus Alaska-Weißzeder gedeckt. „Noch kein Stück Natur, aber auf dem Weg dazu", stellt der Architekt fest. Schon jetzt hat die Holzfassade etwas Patina angesetzt. Sie wird im Lauf der Jahre verwittern und das Gebäude immer mehr mit seiner natürlichen Umgebung verweben.

Bestimmend für den Entwurf waren neben dem Raumprogramm für eine vierköpfige Familie vor allem die Blickbezüge in die freie Landschaft, die es galt, geschickt in Szene zu setzen. Der Grundriss ist kompakt auf zwei Ebenen organisiert: Das Eingangsgeschoss in der oberen Etage ist als großer offener Allraum unter dem asymmetrischen, sich zeltartig aufspannenden Dach konzipiert, in dem ge-

/// Unter dem asymmetrisch ansteigenden Dach entwickelt sich ein offenes Raumkontinuum. Die Küche neben dem Eingangsbereich im Osten profitiert von der Morgensonne, der Essplatz im Zentrum orientiert sich auf die Loggia im Süden.

/// Das Einfamilienhaus steht am Ende eines schmalen Zufahrtswegs, dessen Abschluss der ebenfalls holzverkleidete Carport rechts bildet. Auf der Eingangsseite tritt der Bau nur eingeschossig aus dem abfallenden Gelände hervor.

/// Blick auf die Nordostseite: Die einzelnen Aufenthaltsräume haben keinen direkten Ausgang ins Freie, stattdessen gelangt man über eine Außentreppe den steilen Hang hinab zur tiefer liegenden Wiese.

kocht, gegessen und gewohnt wird. Jede Zone fokussiert eine andere Himmelsrichtung. Die Küchenzeile ist an der Ostseite untergebracht und wird über ein breites Fensterband neben dem Eingang von der Morgensonne beschienen. Der Essplatz orientiert sich nach Süden auf eine Loggia, die sich als weit vorkragender Balkon im Außenraum fortsetzt. Die stimmungsvollste Aussicht bietet der viereinhalb Meter hohe Wohnbereich, der sich mit einem Panoramafenster nach Westen öffnet und den Blick auf die freie Landschaft Richtung Bodensee lenkt. Auch die Schlafräume der Eltern und Kinder, die im Hanggeschoss untergebracht sind, profitieren von jeweils unterschiedlichen Perspektiven. Auf einen direkten Gartenbezug der Räume haben die Bauherren bewusst verzichtet: Eine außen liegende Treppe führt hinab auf eine verwilderte Wiese unter dem Haus. Stattdessen ist der Südbalkon in der Eingangsebene umso üppiger bemessen: Er dient als erhabener Aussichtsposten und privates Freiluftzimmer zugleich.

Wenige Farben und Materialien bestimmen den Eindruck der Innenräume: Das Treppenhaus im Zentrum wird umschlossen von weiß gestrichenen Wandscheiben, die aus dem massiven Sockel des Untergeschosses herauszuwachsen scheinen und bis unter das Dach reichen. Im Wohnbereich kommt durchgängig Holz zum Einsatz: Der Eichenboden sowie die Wand- und Deckenvertäfelungen aus Weißtannenbrettern scheinen sich wie eine schützende Schale um den Raum zu legen.

/// Der massive Kern, der auch das Treppenhaus aufnimmt, wird durch weiß gestrichene Wandscheiben optisch betont. Holz gibt auch beim Innenausbau den Ton an: Dunkles Räuchereicheparkett kontrastiert mit hellen Wand- und Deckenvertäfelungen aus Weißtannenbrettern.

/// Offenheit und Weite prägen den Raumeindruck im Wohnbereich. Zur besonderen Atmosphäre trägt nicht nur die beachtliche Deckenhöhe von viereinhalb Metern bei, sondern auch das bodentiefe Panoramafenster, das den Blick Richtung Bodensee lenkt.

Lageplan

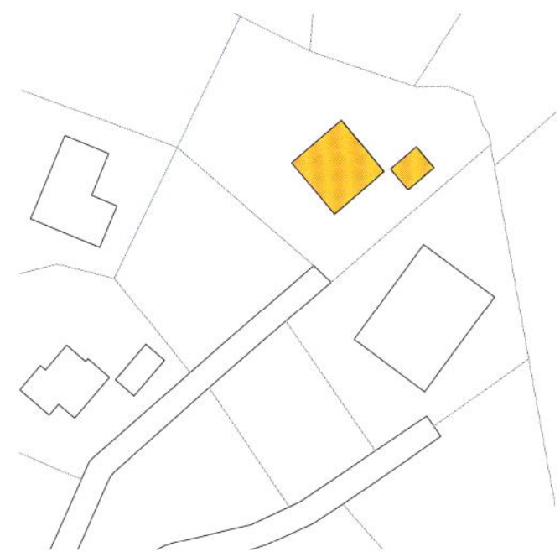

Erdgeschoss
M 1:200

1 Windfang/Garderobe
2 Gäste-WC
3 Abstellen
4 Kochen
5 Wohnen/Essen
6 Loggia
7 Carport

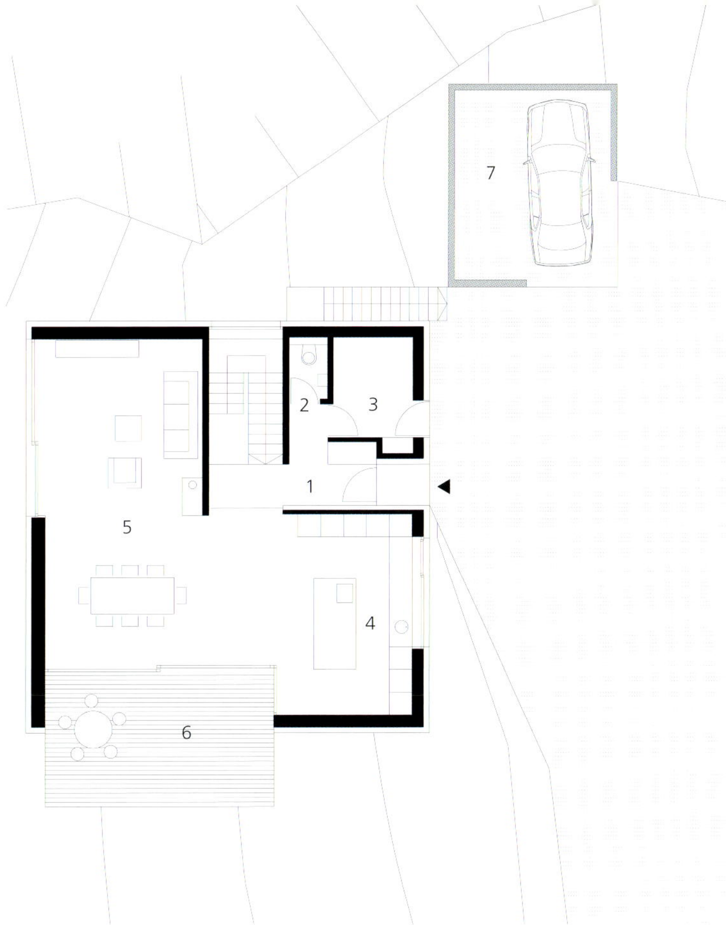

Hanggeschoss
M 1:200

1 Kind
2 Eltern
3 Flur
4 Keller/Technik
5 Bad

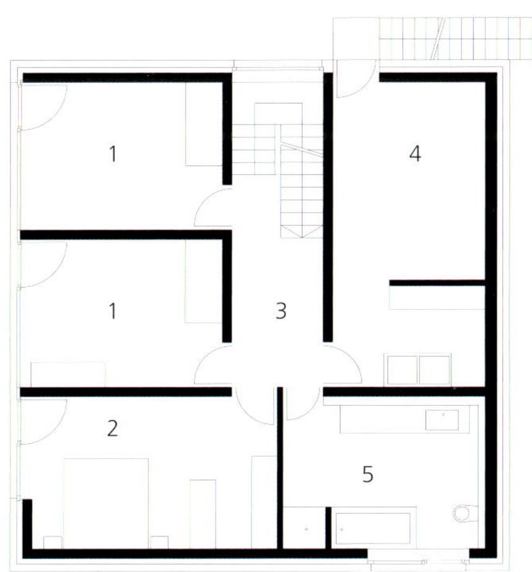

Gebäudedaten

Grundstücksgröße: 1.165 m^2
Wohnfläche: 130 m^2
Zusätzliche Nutzfläche: 25 m^2
Anzahl der Bewohner: 4
Bauweise: vorfabrizierter Holzelementbau auf massivem Untergeschoss
Energiekonzept: Erdwärmepumpe mit Tiefensonde, Holzofen als Zusatzheizung
Heizwärmebedarf: 35 kWh/m^2a
Fertigstellung: 2008

Schnitt
M 1:200

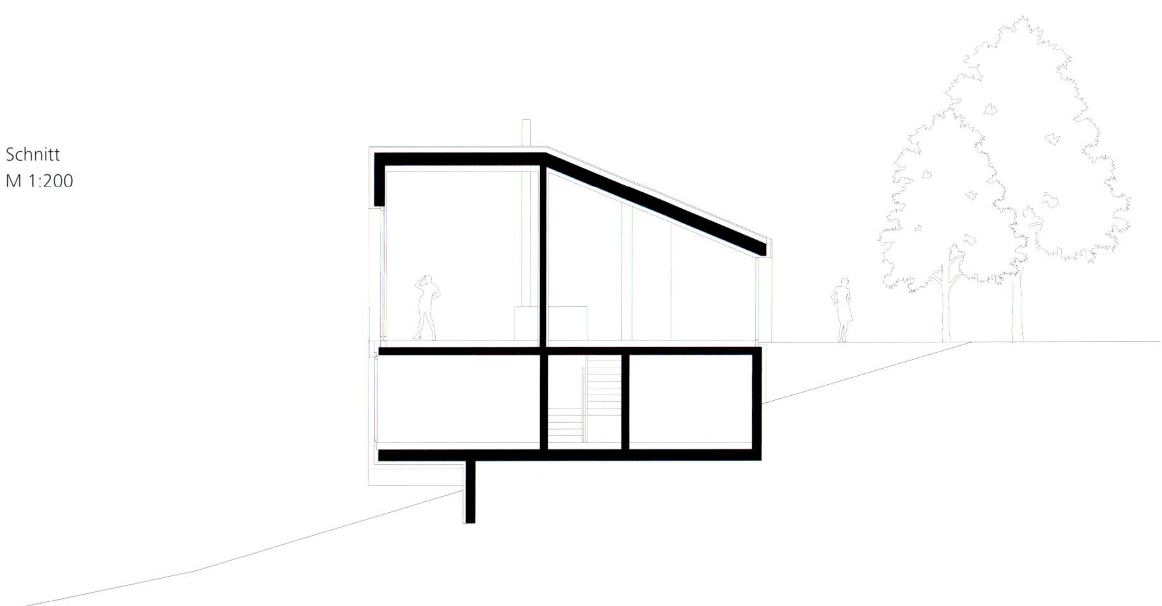

GANZ AUF ZUKUNFT EINGESTELLT

/// Als Kubus mit klar strukturiertem Grundriss wurde dieses Mehrgenerationenhaus konzipiert: Der Baukörper ist in Längsrichtung in zwei nahezu identische Hälften aufgeteilt, was sich auch an der Fassade widerspiegelt. Der vorgezogene Betonrahmen lässt vor den Wohnbereichen auf der Hangseite einen drei Meter tiefen, windgeschützten Balkon entstehen.

Auszeichnung / Braun Associates Architekten / Stuttgart
Mehrgenerationenhaus in Reutlingen

Ein variables Wohnkonzept sowie eine energieeffiziente Bauweise standen beim Entwurf dieses Mehrgenerationenhauses gleichermaßen im Vordergrund. Das Gebäude befindet sich auf einem exponierten Hanggrundstück in Reutlingen mit wunderschönem Blick auf die Schwäbische Alb und die Achalm, den Reutlinger Hausberg. Jedoch die ungünstige Nordost-Ausrichtung des lang gestreckten Areals erwies sich als besondere planerische Herausforderung: Es galt, sowohl die optimale Besonnung aller Flächen zu gewährleisten, als auch möglichst viele Räume an der schönen Aussicht teilhaben zu lassen.
Aus den Rahmenbedingungen ergab sich die Idee, das Haus in Längsrichtung in zwei identische Hälften zu teilen, die über separate Zugänge verfügen. Beide werden auf diese Weise gleichermaßen gut belichtet und können von der schönen Aussicht profitieren. Eine in Gebäudemitte angeordnete Kernzone dient der vertikalen Erschließung und nimmt die Nebennutzungen, die Versorgungs- und Installationsleitungen sowie die statisch erforderlichen aussteifenden Bauteile auf. Trotz der klaren Trennung ist es dennoch möglich, die beiden Gebäudehälften in jeder Ebene über horizontale Verbindungen zusammenzuschalten, sodass auch langfristig ein Höchstmaß an Flexibilität gewährleistet bleibt. Das Familienhaus kann auf Änderungen der Bewohnerzahl ebenso reagieren wie auf wandelnde Wohnbedürfnisse im Alter: Beispielsweise lassen

/// Der mehrschalige Aufbau der Gebäudehülle ist an den Stirnseiten deutlich ablesbar: Den äußeren Abschluss bildet eine präzise geformte Schale aus Keramik-Weißbeton, deren klare Linien den scharfkantigen Umriss des Baukörpers nachzeichnen.

/// Oben rechts: Verglaste Quereinschnitte unterbrechen die Längsseiten des röhrenförmigen Baukörpers. Sie geben der Fassade einen abwechslungsreichen Rhythmus und ermöglichen die optimale Belichtung und Besonnung der einzelnen Wohnbereiche.

/// Zweigeschossige Atrien erlauben vertikale Sichtkontakte zwischen den Wohnebenen und lassen das Licht tief ins Innere vordringen. Eine Blickachse durchzieht den offenen Grundriss im Erdgeschoss über die gesamte Gebäudelänge.

sich die beiden Wohnungen in Erd- und Obergeschoss eines Tages geschossweise zu zusammenhängenden Einheiten zusammenfassen.

Das Untergeschoss bietet neben Tiefgarage sowie Technik- und Lagerräumen genügend Platz für weitere Aufenthaltsbereiche. Sie können als Einliegerwohnungen oder Büros genutzt werden, zumal sie über die Hangseite natürliches Licht erhalten. Die Wohn- und Schlafräume in den oberen Etagen sind auf beiden Stirnseiten vollflächig verglast. Im Osten rahmt eine drei Meter breite, frei auskragende Balkonplatte mit umlaufendem Betonrahmen den Ausblick. Zur optimalen Belichtung und Besonnung tragen darüber hinaus die verglasten Quereinschnitte und Lichthöfe an den Längsseiten des röhrenförmigen Baukörpers bei, der eine präzise geformte Außenschale aus Keramik-Weißbeton erhielt.

Das Energiekonzept verfolgt das Ziel, das Gebäude ausschließlich über regenerative Quellen zu versorgen: Eine Erdwärmepumpe stellt die Energie für die Beheizung beziehungsweise Kühlung des Massivbaus bereit. Der erforderliche Strom zum Betrieb der Pumpe wird über eine Fotovoltaikanlage erzeugt, die in die Dachelemente integriert wurde. Darüber hinaus sind Vorrüstungen für thermische Solarkollektoren vorhanden, die in Zukunft zur Warmwasserbereitung und Heizungsunterstützung beitragen sollen.

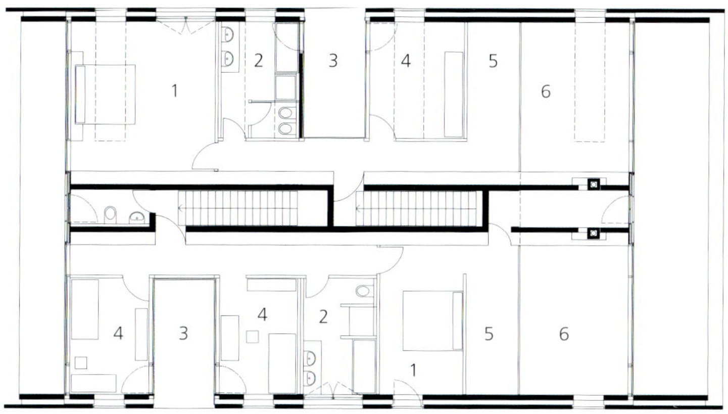

Obergeschoss
M 1:250

1 Schlafen Einheit A/B
2 Bad Einheit A/B
3 Lichthof Einheit A/B
4 Kind Einheit A/B
5 Galerie Einheit A/B
6 Luftraum Einheit A/B

Lageplan

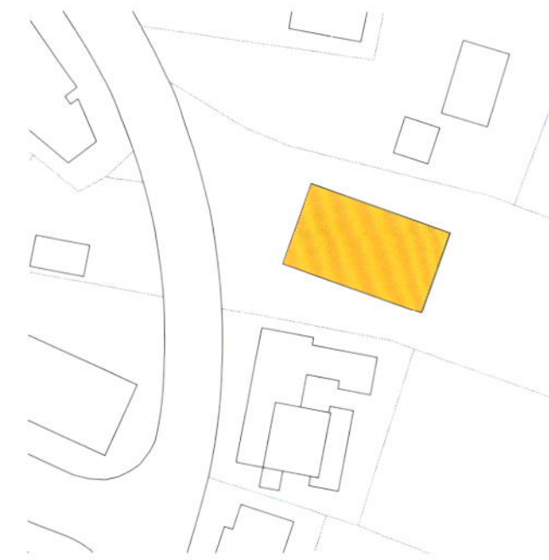

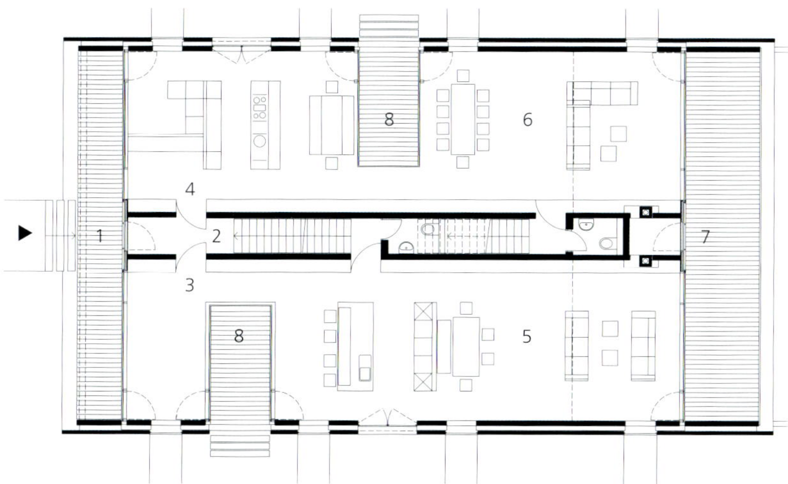

Erdgeschoss
M 1:250

1 überdachter Eingangsbereich
2 Treppenhaus
3 Eingang Einheit B
4 Eingang Einheit A
5 Wohnen/Essen Einheit B
6 Wohnen/Essen Einheit A
7 Loggia
8 Lichthof

Gebäudedaten

Grundstücksgröße: 1.092,4 m²
Wohnfläche: 567 m²
Zusätzliche Nutzfläche: 77 m²
Anzahl der Bewohner: 7 plus x (Mehrgenerationenhaus)
Bauweise: massiv (Stahlbeton, Spannbetondecken, KS-Mauerwerk, Ortbeton, Keramikbeton-Fertigteile)
Energiekonzept: Erdwärmepumpe mit Tiefensonde, Fotovoltaik, passive solare Wärmegewinne, Vorrüstungen für thermische Solarkollektoren
Heizwärmebedarf: 45,68 kWh/m²a
Primärenergiebedarf: 47,41 kWh/m²a
Fertigstellung: 2007

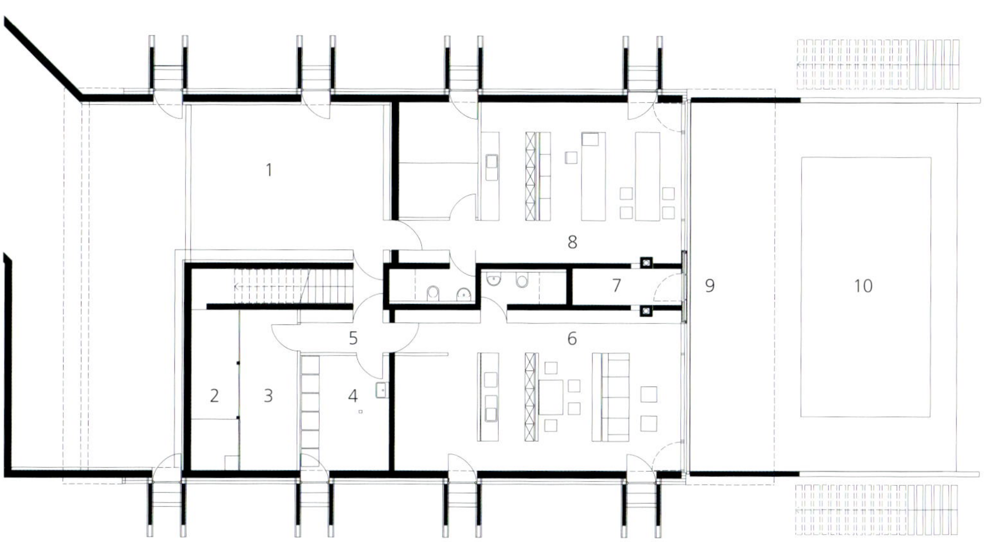

Hanggeschoss
M 1:250

1 Garage
2 Technik
3 Keller
4 Waschküche
5 Flur
6 Wohneinheit C
7 Geräte
8 Wohneinheit D
9 Terrasse
10 Pool

Schnitt ohne Maßstab

STÜTZPUNKT FÜR SOMMERGÄSTE

/// Einfach, aber raffiniert: Klare Linien und eine aufs Wesentliche reduzierte Formensprache kennzeichnen dieses Ferienhaus an der Ostsee. Der Baukörper wurde zwischen den bestehenden Kiefern positioniert und sucht mit seiner holzverkleideten Außenhaut den Bezug zur Natur. Unterschiedliche Fensterformate sorgen für ein spannungsreiches Fassadenbild.

Wacker Zeiger Architekten / Hamburg

Ferienhaus in Lubmin

An der Ostsee zwischen Rügen und Usedom liegt Lubmin. Das einstige Fischer- und Bauerndorf am Greifswalder Bodden avancierte Ende des 19. Jahrhunderts zum Seebad und ist bis heute ein beliebtes Urlaubs- und Reiseziel. Breite Sandstrände und malerische Dünenlandschaften, umrahmt von weiten Kiefernwäldern, machen seinen besonderen Reiz aus. Auf einem Grundstück mit Sichtkontakt zur Ostsee entstand dieses kleine Ferienhaus. Es gibt sich selbstbewusst, aber dennoch bescheiden und unternimmt gar nicht erst den Versuch, historischen Vorbildern nachzueifern: Obwohl der geltende Bebauungsplan eine Bäderarchitektur im Sinne von Heiligendamm fördert und somit an die in strahlendem Weiß gehaltenen eklektizistischen Prachtbauten längst vergangener Epochen anzuknüpfen sucht, entwarfen die Architekten ein betont schlichtes Haus.
In seiner Materialität und reduzierten Formensprache erinnert das Sommerdomizil vielmehr an eine moderne Laube: Es fügt sich zurückhaltend in den landschaftlichen Kontext ein und führt die „Datscha-Kultur" mit zeitgemäßen Mitteln fort. Die Konstruktion besteht aus Holztafeln, die mit vertikalen Lärchenholzleisten verschalt sind. An der Nordseite wurde der Fassadeneinschnitt im Erdgeschoss mit rostigen Stahlplatten verkleidet, die aus dem Verschnitt einer nahe gelegenen Werft stammen, das flach geneigte Dach erhielt eine Zink-Stehfalzdeckung. Unterschiedlich große Fensteröffnungen – mal in liegenden, mal in stehen-

/// Im Eingangsbereich sorgen rostige Stahlplatten für reizvolle Materialkontraste: Sie stammen aus dem Verschnitt einer nahe gelegenen Werft und wurden dekorativ wiederverwertet.

/// Die übereck gezogenen Glasfronten lassen den Innenraum optisch größer wirken. In der warmen Jahreszeit wird die Holzplattform zu einem zusätzlichen Zimmer unter freiem Himmel.

den Formaten – wirken wie aus dem Baukörper ausgestanzt und geben ihm sein unverwechselbares Erscheinungsbild.

Das Gebäude ist in seinem Innern erstaunlich geräumig: Bis zu sechs Übernachtungsgäste können sich auf den zwei Ebenen aufhalten. Über einen Luftraum hält der offene Wohnbereich im Erdgeschoss Sichtkontakt zur Galerie unterm Dach. Die schlichte Innenausstattung trug mit dazu bei, die Baukosten gering zu halten: Das Haus wurde bis auf die Hauptgewerke – Holzelementkonstruktion, Dachdeckerarbeiten und Fenstereinbauten – komplett in Eigenleistung errichtet, was auch die niedrige Bausumme von 120.000 Euro erklärt. Sämtliche weiteren Arbeiten, von der Sohle über die Fassade bis hin zum Innenausbau einschließlich Haustechnik übernahmen die Bauherren selbst, deren Aufwand – mit Ausnahme der zugekauften Materialien – nicht in die Kalkulation miteingeflossen ist.

Die Konstruktionsvollholz-Rahmen boten optimale Voraussetzungen für eine gute Wärmedämmung, die sich am niedrigen Heizenergiebedarf bemerkbar macht. Die Fußbodenheizung wird mit einer Luft-Wärmepumpe betrieben, die übers Jahr eine gleichmäßige Grundtemperatur gewährleistet. In den Übergangsmonaten und auch an kalten Tagen erwärmt ein Speckofen das Haus.

Gebäudedaten

Grundstücksgröße: 660 m^2
Wohn- und Nutzfläche: 82 m^2
Anzahl der Bewohner: 1–6
Bauweise: Holztafelbau mit Lärchenholzschalung
Baukosten je m^2 Wohn- und Nutzfläche: 1.460 Euro
Baukosten gesamt: 120.000 Euro (ohne Eigenleistungsanteil der Bauherren)
Energiekonzept: Luft-Wärmepumpe, Specksteinofen als Zusatzheizung, Warmwasserbereitung elektrisch
Heizwärmebedarf: 50 kWh/m^2a
Fertigstellung: 2008

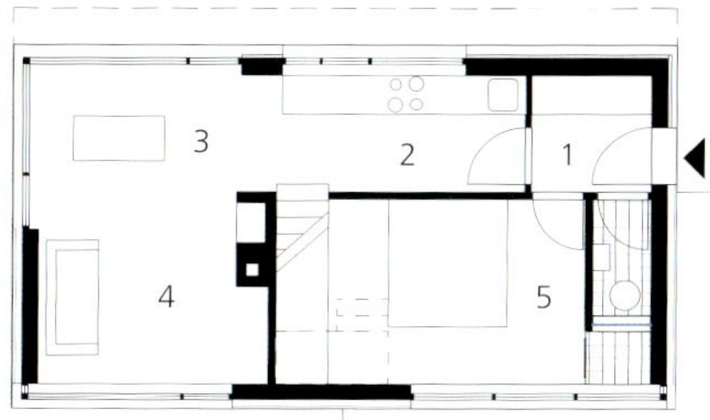

Erdgeschoss
M 1:200

1 Windfang/Haustechnik
2 Kochen
3 Essen
4 Wohnen
5 Schlafen

1. Obergeschoss
M 1:200

1 Luftraum
2 Galerie
3 Schlafen
4 Bad

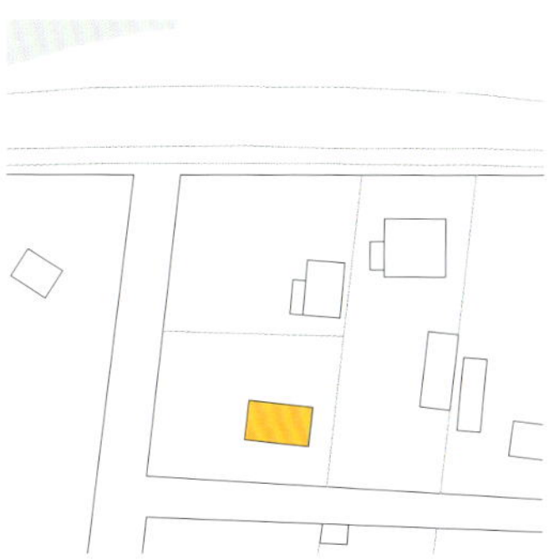

Lageplan

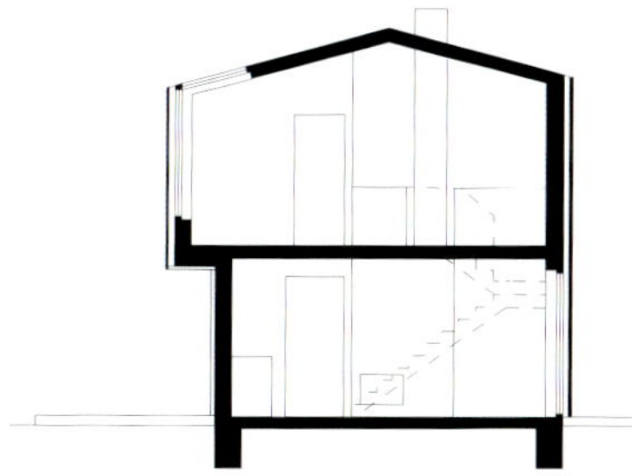

Querschnitt
M 1:200

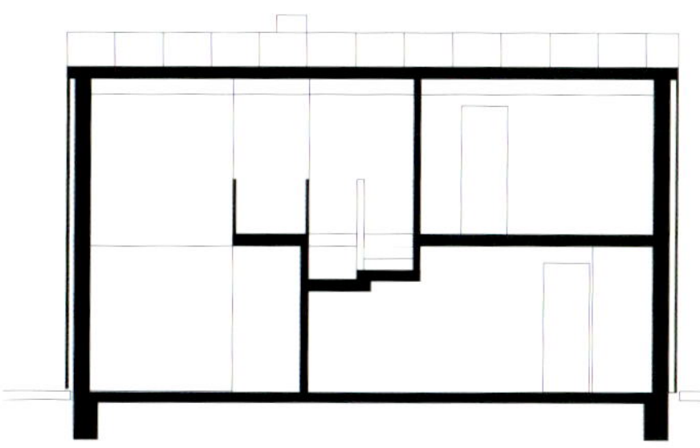

Längsschnitt
M 1:200

/// Auf der Galerie im Obergeschoss sorgt ein verglaster Dacheinschnitt für optimale Belichtung und Besonnung. Er gibt den Blick in die Baumwipfel frei und lässt auch auf geringer Fläche ein Gefühl von Offenheit und Weite entstehen.

/// Schöne Aussichten in die wildromantische Naturlandschaft bieten sich auch von der Kochzeile im Eingangsbereich, an die sich nahtlos der offene Wohn- und Essraum mit einer Übereckverglasung anschließt.

FENSTER-THEMA MIT VARI-ATIONEN

/// Eine abwechslungsreiche Neuinterpretation der klassischen Reihenhausfassade bietet dieses Ensemble in Hamburg. Die höhenversetzten „Zwillingsfenster" geben der Straßenansicht ihr unverwechselbares Aussehen. Die oberste Etage ist als Staffelgeschoss ausgebildet: Der Gebäuderücksprung auf der Gartenseite schafft Platz für eine südorientierte Dachterrasse.

Archipark Architekten / Hamburg

Reihenhaus in Hamburg

Hier wohnt man in der Stadt und ist doch rasch im Grünen: Alte Alleebäume säumen die Straßen, die Elbe mit den angrenzenden Parks ist nur wenige Fußminuten entfernt. Die zentrale Lage zwischen den Hamburger Stadtteilen Ottensen und Othmarschen begeisterte auch das Architektenpaar Eva und Jan Wagner – und gab den Ausschlag für ihre Entscheidung, hier gemeinsam mit einem privaten Investor eine kleine Wohnanlage zu realisieren. Wo sich bis vor wenigen Jahren noch eine hässliche Garagenzeile am Straßenrand befand, steht heute ein attraktives Reihenhausensemble. Mit seinen dunklen Ziegelfassaden knüpft es an die Tradition der Hamburger Backstein-Architektur an, gibt sich jedoch mit seinen auf und ab tanzenden „Zwillingsfenstern" eindeutig als Produkt der heutigen Zeit zu erkennen.

Insgesamt fünf Häuser sind hier entstanden, eines davon bewohnen die Architekten selbst. Zur Straße hin präsentieren sich die Gebäude mit einer glatten, über drei Geschosse reichenden Backsteinfront, während auf der Gartenseite das oberste Geschoss weit zurückspringt: Auf diese Weise entstehen jeweils gut 20 Quadratmeter große Dachterrassen, die den Bewohnern einen Gartenersatz in luftiger Höhe bescheren. Sowohl in Bauweise als auch in städtebaulicher Anordnung orientiert sich die Anlage an der südlich angrenzenden Reihenhaussiedlung aus den 1950er Jahren. In ihrem Innern bietet sie jedoch eine zeitgemäße

/// Der Wohnraum im Reihenendhaus profitiert durch ein zusätzliches Fenster auf der Ostseite von der Morgensonne. Weiß getünchte Decken und Wände sowie die reduzierte Möblierung lassen das Innere angenehm hell und geräumig wirken.

/// Das Erdgeschoss ist als offenes Raumkontinuum angelegt. Die Wohnküche schließt unmittelbar an den Eingangsbereich an und orientiert sich auf die Straßenseite im Norden.

/// Die nebeneinander liegenden Fenster mit ihren versetzt angeordneten Stürzen und Brüstungen bestimmen auch den Innenraumeindruck und rahmen jeweils verschiedene Ausblicke.

Neuinterpretation dieses Bautypus: Die Einheiten sind großzügig zugeschnitten, umfassen gut 150 Quadratmeter Wohnfläche und sind dank eines geräumigen Gemeinschaftsbereichs im Erdgeschoss sowie variabler Grundrisse in den Obergeschossen offen für Veränderungen. Die Trennwände sind nicht tragend ausgebildet, sodass sich die Raumzuschnitte bei Bedarf verändern lassen.

Die Anordnung der Zwillingsfenster mit ihren versetzten Stürzen und Brüstungen ist nicht nur ein besonderer Blickfang an der Fassade und gibt den Häusern ihr unverwechselbares Erscheinungsbild: Die unterschiedlich hoch angesetzten Öffnungen prägen auch den Innenraumeindruck. Der gewohnte Horizont der Fensterbrüstungen wird aufgelöst, die nebeneinander liegenden Glasfronten rah-

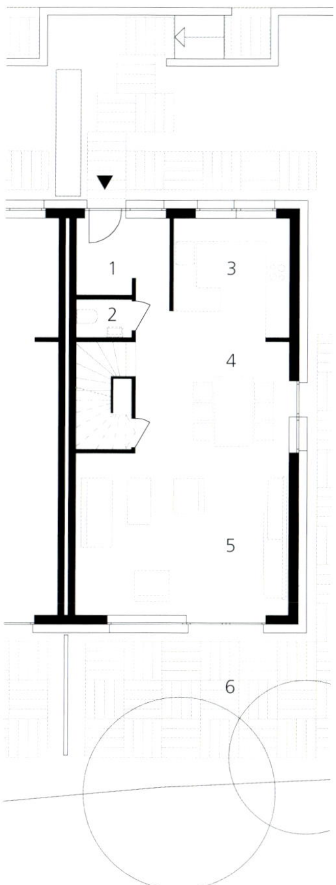

Erdgeschoss
M 1:200

1 Diele/Garderobe
2 Gäste-WC
3 Kochen
4 Essen
5 Wohnen
6 Terrasse

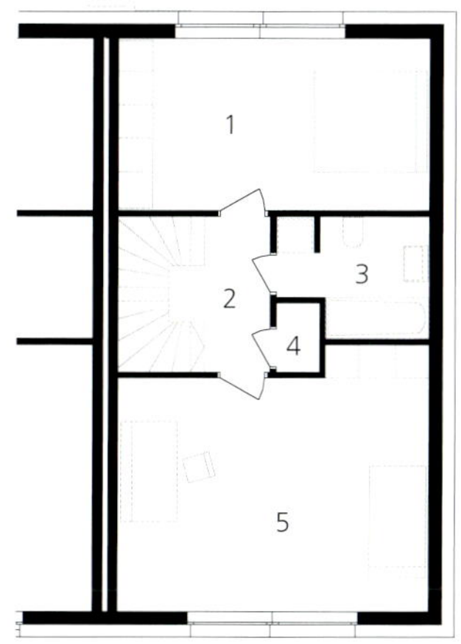

Obergeschoss
M 1:200

1 Eltern
2 Flur
3 Bad
4 Abstellen
5 Kind

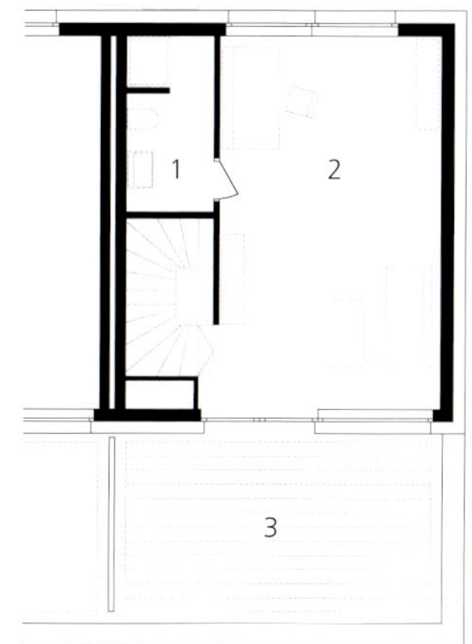

Staffelgeschoss
M 1:200

1 Bad
2 Studio
3 Dachterrasse

Schnitt ohne Maßstab

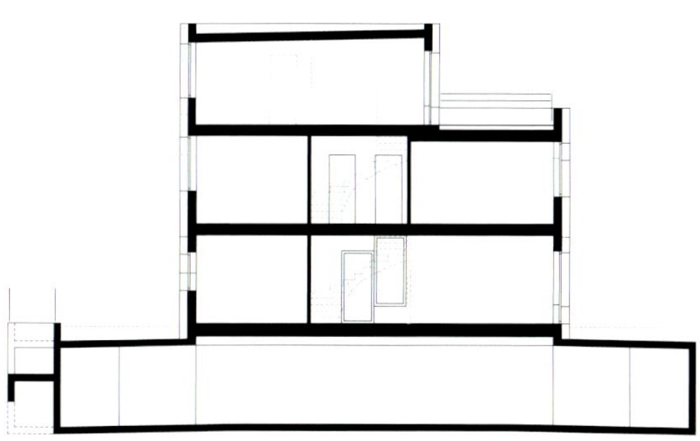

Gebäudedaten

Grundstücksgröße: 224 m²
Wohnfläche: 153 m²
Zusätzliche Nutzfläche: 6 m²
Anzahl der Bewohner: 3
Bauweise: massiv (Stahlbeton und KS-Mauerwerk)
Energiekonzept: Dreifachverglasungen, kontrollierte Wohnraumlüftung, Gasbrennwerttherme
Heizwärmebedarf: 46,5 kWh/m²a
Primärenergiebedarf: 58,7 kWh/m²a
Fertigstellung: 2008

Lageplan

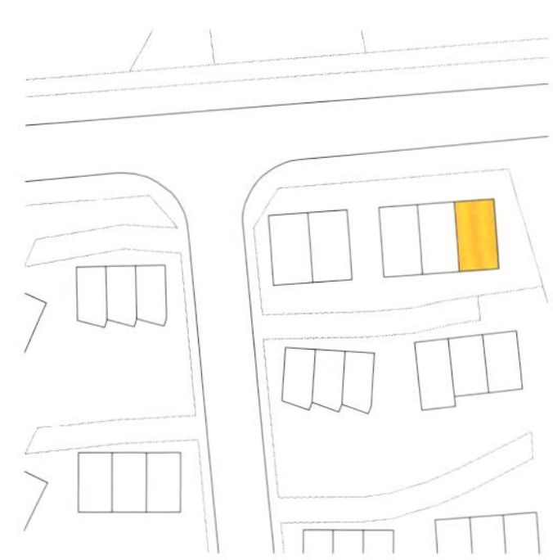

men jeweils verschiedene Aussichten – mal geht der Blick auf Augenhöhe in den Garten, mal reicht er in den Himmel. **Aspekte der Nachhaltigkeit** spielten bei der Wahl der Baustoffe eine ebenso große Rolle wie Gesichtspunkte der Energieeffizienz: Die hoch wärmegedämmte Gebäudehülle sowie eine kontrollierte Wohnraumlüftung tragen dazu bei, den Heizwärmebedarf zu senken und den Komfort zu erhöhen. Um Energieverluste zu minimieren, wurden die dreifach verglasten Holz-Aluminium-Fenster mit einer sogenannten „warmen Kante“, einem thermisch verbesserten Randverbund aus Kunststoff, ausgebildet.

VIEL PLATZ AUF WENIG RAUM

/// Klare Formen und eine kompakte Bauweise charakterisieren dieses klassisch moderne Einfamilienhaus in Dortmund. Die geschosshohen Verglasungen, die von umlaufenden Aluminiumrahmen gefasst sind, geben der Fassade ihren gleichmäßigen Rhythmus und öffnen die Räume zum Garten auf der Ostseite.

SHA Scheffler Helbich Architekten / Dortmund

Einfamilienhaus in Dortmund

Nah ans Wasser haben Birgit und Christoph Helbich ihr neues Domizil gebaut: Das Grundstück liegt auf dem Areal einer ehemaligen Gärtnerei, am Ufer des einstigen Bewässerungsteichs, und ist von schönen alten Bäumen umrahmt. Die strenge Gestalt ihres Flachdachkubus bildet hierzu ein markantes Gegengewicht und erinnert an die Bauten der Moderne: Gemauerte weiß verputzte Außenwände kontrastieren mit dunkel umrahmten Glasfronten.

Das Volumen verteilt sich auf zwei Baukörper: Haupthaus und Nebengebäude mit Garage, Garderobe sowie Gäste-WC sind über den Windfang miteinander verbunden. Er bildet die Fuge zwischen den beiden Gebäudehälften und fungiert als trennendes und verbindendes Element zugleich: Sein hölzerner Bodenbelag setzt sich im Freien fort und führt als Gartenweg Richtung See. Durch die Zweiteilung war es möglich, das Erdgeschoss von sämtlichen Nebenraumfunktionen zu befreien und einen völlig offenen Grundriss zu gestalten: Küche, Ess- und Wohnbereich bilden eine zusammenhängende Einheit, sodass man an jeder Stelle den Raum in seiner ganzen Dimension erfassen kann. Diese Offenheit setzt sich auch in der Vertikalen fort: Ein großzügiger Luftraum verbindet die beiden Wohnebenen miteinander und stellt den Sichtkontakt zum Arbeitsplatz auf der Galerie her.

Mit geschosshohen Glasfronten orientieren sich die Räume zum See nach Osten und zur Sonne nach Süden.

Hinter dem Raster der Fenster stehen in jeder Achse schlanke Stahlstützen als Rechteckprofile von nur vier Zentimetern Breite. Die großen Öffnungen werden geschossweise von umlaufenden Aluminiumrahmen gefasst, deren tiefe Laibungen den Ansichten mehr Plastizität verleihen und den erforderlichen Sonnenschutz dezent aufnehmen.

Auch auf lange Sicht lässt sich das Haus den sich wandelnden Bedürfnissen einer jungen Familie anpassen. Das Souterrain bietet sich als Wohnflächenerweiterung oder Einliegerappartement an: Es ist über eine separate Treppe auch von außen zugänglich und wird, da es den Verlauf des leicht geneigten Geländes nutzt, natürlich belichtet und belüftet. Bei steigendem Platzbedarf ist zudem die Aufstockung um ein Staffelgeschoss möglich und baurechtlich zulässig.

Das energetische Konzept verzichtet bewusst auf den Einsatz primärenergetisch aufwendiger Hightech-Komponenten und setzt auf architektonische Mittel wie Kompaktheit, geschickte Grundrisszonierung und kluge Orientierung der Aufenthaltsräume. Anstelle eines aufwendigen Wärmedämmverbundsystems wurden die Außenwände als einschaliges Dämmziegelmauerwerk ausgebildet. Zur Verbesserung des Mikroklimas sind alle Dachflächen extensiv begrünt, sodass je nach Jahreszeit eine Auskühlung oder Überhitzung verhindert wird. Passive solare Wärmegewinne tragen zudem zur Energiebilanz des Hauses bei.

/// Zur Straße hin gibt sich das Haus verschlossen. Weiß verputzte Mauerflächen kontrastieren mit dunkel umrahmten Fensteröffnungen, die aus der monolithischen Masse wie ausgestanzt scheinen und ein grafisch strenges Bild entstehen lassen.

/// Das Erdgeschoss ist als offenes Raumkontinuum angelegt, das sich über die gesamte Gebäudebreite erstreckt. Wohn- und Essbereich orientieren sich ganz auf die schöne Aussicht in den Garten mit altem Baumbestand und angrenzendem Teich.

/// Blick vom Garten auf den Eingangsbereich: Der Windfang liegt in der Fuge zwischen Haupthaus und Garage. Das eingeschossige Nebengebäude schirmt das Grundstück gegen die Straße ab, sodass auf der Südseite ein sichtgeschützter Freisitz entsteht.

/// Eine deckenhohe Schrankwand trennt die Küche optisch vom Wohnbereich ab. Ein Fensterband über der Arbeitsfläche auf der Westseite hält den Sichtkontakt zur Straße und lässt auch abends die Sonne hereinfallen.

/// Ganz oben: Die Offenheit des Erdgeschosses setzt sich auch in der oberen Etage fort. Ein Luftraum verbindet den Arbeitsplatz auf der Galerie mit dem Wohnbereich. Bei geöffneten Türen entsteht eine durchgehende Sichtachse über die gesamte Gebäudelänge.

/// Wenige Farben und Materialien bestimmen den Raumeindruck im Bad: Wandverkleidungen sowie Einbauten für Waschtisch und Wanne sind aus Schiefer, hinter den Eichenholzfronten verbergen sich Schubladen und Stauräume.

/// Ein besonderer Blickfang ist die quer in Gebäudemitte platzierte Treppe ins Obergeschoss: Die frei tragenden, in die Wandscheibe eingelassenen Holzstufen sowie die Absturzsicherungen aus Glas verleihen dem Treppenlauf Transparenz.

1. Obergeschoss
M 1:200

1 Kind
2 Luftraum
3 Galerie/Arbeiten
4 Bad
5 Schlafen

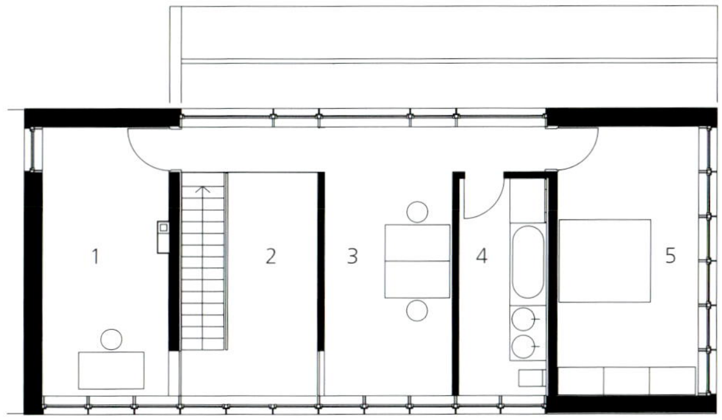

Gebäudedaten

Grundstücksgröße: 499 m^2
Wohnfläche: 160 m^2
Zusätzliche Nutzfläche: 90 m^2
Anzahl der Bewohner: 4
Bauweise: massiv (einschaliges Dämmziegelmauerwerk 36,5 cm)
Energiekonzept: Gasbrennwerttherme
Heizwärmebedarf: 69 kWh/m^2a
Primärenergiebedarf: 98 kWh/m^2a
Fertigstellung: 2006

Erdgeschoss
M 1:200

1 Windfang/Garderobe
2 Gäste-WC
3 Garage
4 Küche
5 Essen
6 Wohnen
7 Terrasse

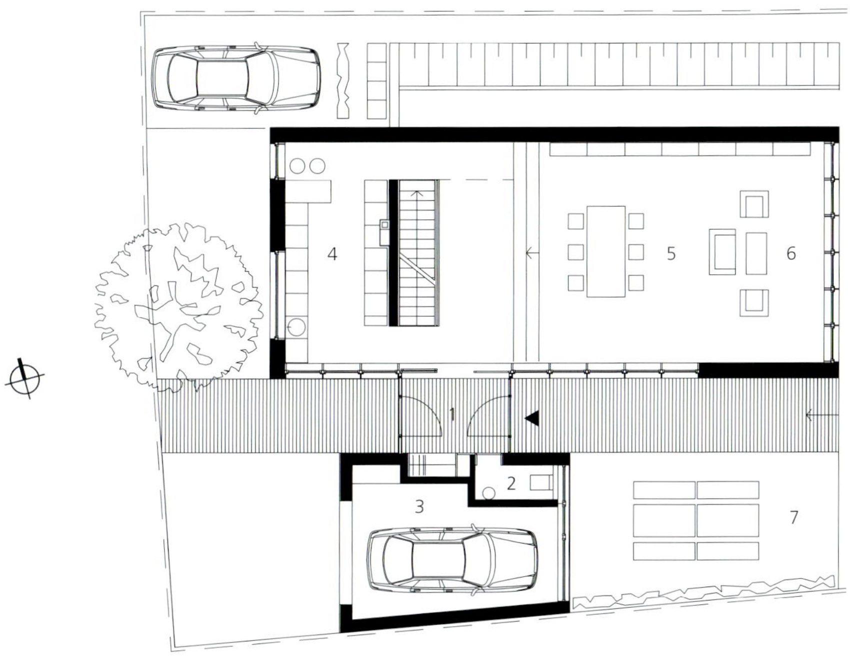

Lageplan

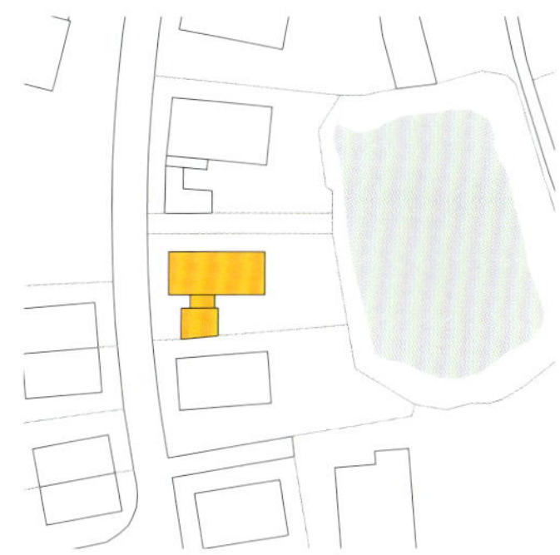

Schnitt
M 1:200

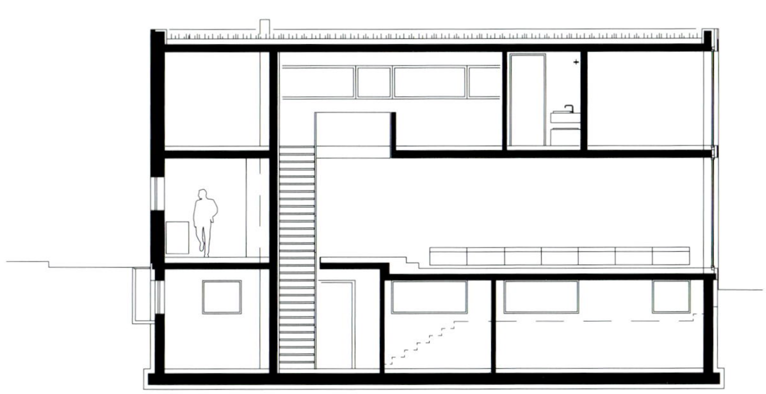

BÜHNE ZUM GARTEN

/// Die winkelförmige Anlage umschließt einen geschützten Freibereich mit Terrasse und Swimmingpool. Im Gegensatz zur Transparenz der Gartenfront zeigt sich der Bau auf der Eingangsseite im Norden eher verschlossen. Großformatige Fassadenelemente aus Aluminium, die in dunklem Bronzeton beschichtet sind, setzen reizvolle Kontraste zu den hellen Putzflächen.

Kröger-Daniels Architekten / Köln

Einfamilienhaus in Köln

In einer Villengegend im Kölner Süden, in parkähnlicher Umgebung und mit Blick auf den angrenzenden Stadtwald, entstand dieses großzügige Familiendomizil. Angesichts der exponierten Lage auf einem Eckgrundstück entwarfen die Architektinnen einen zweigeschossigen L-förmigen Baukörper, der den Garten auf der Südseite gegen fremde Blicke von der Straße abschirmt. Die beiden Haushälften umschließen in ihrer Mitte einen geschützten Freibereich mit großzügiger Terrasse und angrenzendem Swimmingpool.

Der kubische Bau präsentiert sich schnörkellos modern: mit strahlend weiß verputzten Fronten, unterbrochen von großformatigen Fassadenelementen aus Aluminium. Die Paneele wurden in dunklem Bronzeton beschichtet und stehen in reizvollem Kontrast zu den hellen Flächen. Raumhohe Glasfronten lockern die formale Strenge des Gebäudes auf und sorgen für fließende Übergänge zwischen den Wohnräumen und den differenziert angelegten Außenbereichen.

Das Interieur bietet villentypische Großzügigkeit mit edlem Understatement: Maßgefertigte Einbauten, hochwertige Materialien sowie ein aufwendiges Beleuchtungskonzept bestimmen den Raumeindruck. Eine zweigeschossige verglaste Eingangshalle empfängt die Besucher auf der Nordseite und gibt den Blick in den Garten frei. Rechter Hand schließt sich die Garage mit darüber liegender Einliegerwohnung an. Das Appartement im Obergeschoss lässt

/// Die Fassade auf der Gartenseite ist raumhoch verglast und lässt sich über Schiebeelemente öffnen. Das weit auskragende Dach dient als Schattenspender für einen witterungsgeschützten Freisitz.

/// Sparsam verteilte Öffnungen tragen der exponierten Lage auf einem Eckgrundstück Rechnung und schirmen die Privaträume gegen die Straße ab, während die doppelgeschossige Glasfront Einblicke ins Treppenhaus gewährt.

sich direkt vom Entree über eine separate Treppe erschließen. Mit dieser Lösung entsprachen die Architektinnen dem Wunsch der Bauherren nach einem flexiblen Grundriss, der sich bei Bedarf in einzelne Einheiten abteilen lässt. Auch das Büro, das an der Straßenecke im Nordosten situiert ist, bildet zusammen mit dem Gästetrakt im Obergeschoss eine weitere räumliche Einheit. In der oberen Etage dient eine offene Galerie, die als Steg die Eingangshalle quert, als Verbindungsgang zwischen den einzelnen Gebäudetrakten und ermöglicht es, die Einliegerwohnung auch von hier aus zu betreten. Lufträume stellen den direkten Kontakt in die untere Ebene her und sorgen für vielfältige Blickbeziehungen.

Zentrum des Familienlebens ist der zusammenhängende Wohn-, Koch- und Essbereich im Erdgeschoss: Er orientiert sich nach Westen, zum Garten hin, und reicht über die gesamte Gebäudelänge von gut 18 Metern. Das offene Raumkontinuum wird nur durch einzelne deckenhohe Ele-

/// Vom Wohnraum auf der südwestlichen Gebäudeseite fällt der Blick direkt ins Grün: Mit einer deckenhohen Übereckverglasung öffnet er sich auf den parkähnlichen Garten.

/// Wie ein elegantes Möbel wirkt der kompakte Kern im Zentrum: Hinter den dunkel lackierten Fronten verschwinden nicht nur Küchen- und Garderobenschränke, in seinem Innern verbergen sich auch zusätzliche Abstellflächen.

/// Unten links: Der Wohn-, Ess- und Kochbereich wird nur durch die deckenhohe Kaminwand zoniert. Der Bodenbelag aus gefärbtem Gusszement fasst das offene Raumkontinuum auch optisch zu einer Einheit zusammen.

mente, wie etwa den farbig gestalteten Küchenblock oder den Kamin im Wohnbereich, zoniert. Die Fassade zur Terrasse ist vollständig verglast, breite Schiebeelemente führen nach draußen. Von einem weiteren Freisitz können die Eltern im Obergeschoss profitieren: Ihrem Schlafraum ist auf der Südseite eine große Dachterrasse vorgelagert.

/// Die Treppe mit frei aus der Wand kragenden Stufen führt auf die Galerie in der oberen Etage, über die man zu den privaten Rückzugsräumen gelangt. Dunkles Räuchereicheparkett hebt die Erschließungszonen vom Wohnbereich ab.

/// Rechts oben: Mit großer Sorgfalt und Liebe zum Detail wurden auch die Funktionsräume gestaltet. Hier der Blick ins Gäste-WC im Erdgeschoss, in dem eine verdeckt angebrachte Leuchtstoffleiste für ungewohnte Farbeffekte sorgt.

/// Schöne Aussichten auf die vorgelagerte Dachterrasse und den angrenzenden Stadtwald bieten sich auch im Obergeschoss: Die Wanne im lichtdurchfluteten Elternbad liegt leicht erhöht auf einem Sockel.

1. Obergeschoss
M 1:250

1 Wohnen (Einlieger)
2 Loggia
3 Bad
4 Flur mit Kochnische
5 Luftraum
6 Galerie
7 Gäste
8 Ankleide
9 Hauswirtschaft
10 WC
11 Schlafen
12 Dachterrasse

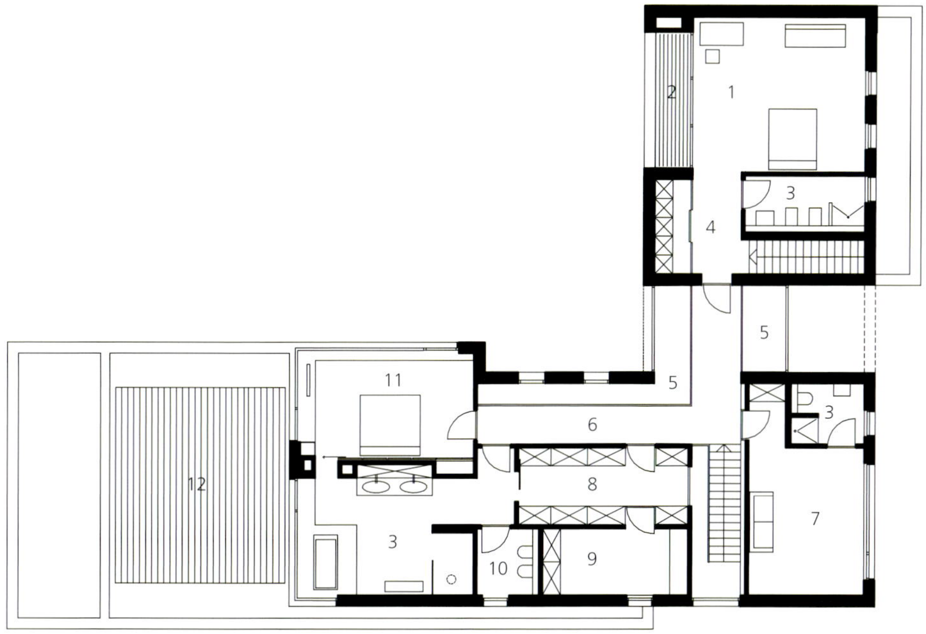

Erdgeschoss
M 1:250

1 Entree/Eingangshalle
2 Gäste-WC
3 Büro
4 Garderobe
5 Hauswirtschaft
6 Kochen
7 Essen
8 Wohnen
9 Abstellen
10 überdachter Sitzplatz
11 Schleuse
12 Fahrräder
13 Garage

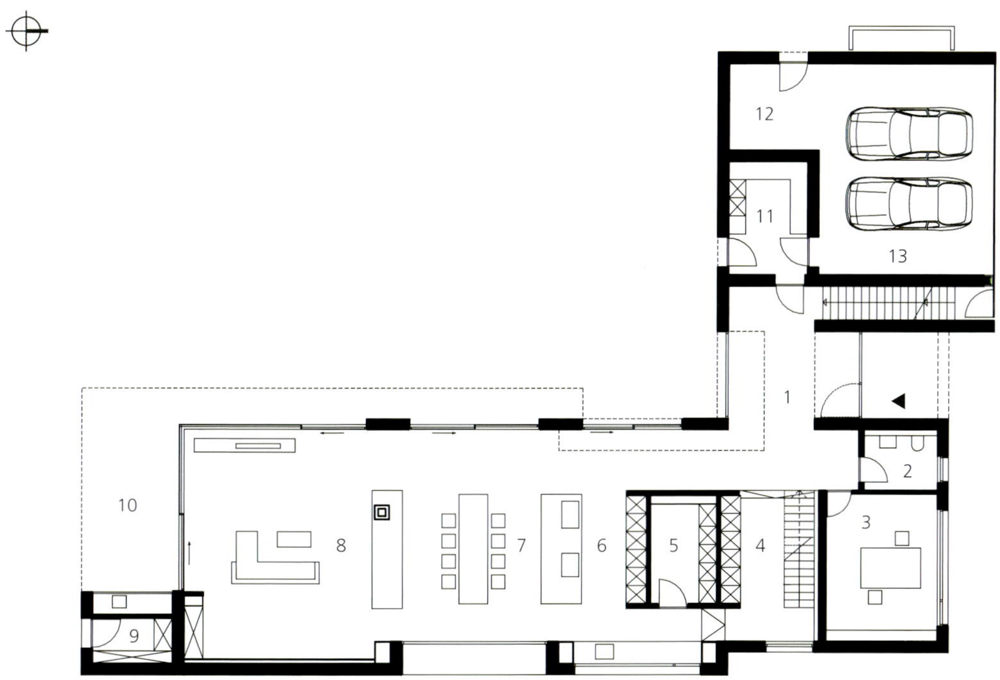

Gebäudedaten

Grundstücksgröße: 2.263 m²
Wohnfläche: 414 m²
Zusätzliche Nutzfläche: 142 m²
Anzahl der Bewohner: 3
Bauweise: massiv (Porotonziegel/Stahlbeton)
Energiekonzept: Erdwärmepumpe
Heizwärmebedarf: 60,3 kWh/m²a
Primärenergiebedarf: 62,92 kWh/m²a
Fertigstellung: 2008

Schnitt
M 1:250

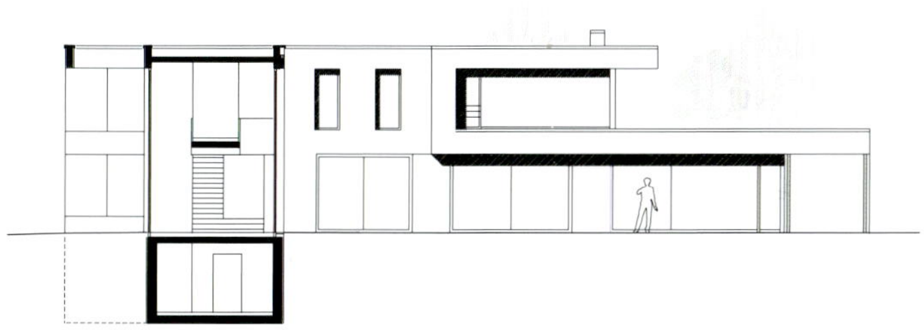

Lageplan

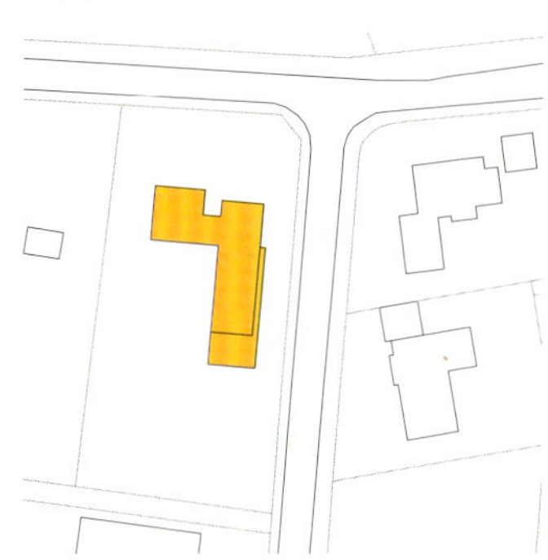

BAUEN MIT SYSTEM

/// Auf nur 40 Quadratmeter Grundfläche entstand dieses Wochenenddomizil in einem Berliner Naherholungsgebiet. Der kompakte Würfel in klassisch-moderner Formensprache wurde in Fertigbauweise errichtet – und ist das kleinste Element einer Hausserie im Modulsystem.

Anne Lampen Architekten / Berlin

Wochenendhaus in Berlin

Quadratisch, praktisch, schön: Dass seriell gefertigte Häuser keine unscheinbare architektonische Massenware sein müssen, zeigt dieser weiße Würfel aus der sogenannten „Varioreihe" von Anne Lampen. Diese von der Berliner Architektin konzipierte und gemeinsam mit dem Unternehmen Südhausbau realisierte Hausserie basiert auf einem Modulsystem. Das Variohaus wird in Fertigbauweise erstellt, ist in verschiedenen Größen und Ausführungen zu haben und funktioniert als Bungalow ebenso wie als Ketten- oder Doppelhaus. Je nach Wunsch kann es vergrößert, verkleinert oder individuell angepasst werden, um auf geänderte Lebenssituationen, Wohnbedürfnisse oder finanzielle Möglichkeiten zu reagieren.

Das Wochenendhaus in Berlin-Spandau ist ein Prototyp – und das kleinste Element aus der Serie. Da es in einem innerstädtischen Naherholungsgebiet mit lockerer Ferienhausbebauung entstand, waren die planungsrechtlichen Vorschriften entsprechend streng: Der Neubau, der hier anstelle eines Bungalows errichtet wurde, durfte nicht mehr als 40 Quadratmeter Grundfläche haben und sollte eine Gebäudehöhe von fünf Metern nicht überschreiten. **Trotz seiner geringen Ausmaße** wirkt das Haus im Innern erstaunlich großzügig: zum einen, weil breite Fensterfronten und großzügige Schiebetüren den Garten in das Raumerlebnis miteinbeziehen, sodass sich die Wohnfläche fast nahtlos ins Freie zu erweitern scheint. Zum anderen, weil

/// Linke Seite: Das Gebäude wurde in Holzrahmenbauweise erstellt und anschließend mineralisch verputzt. Die frei über die Fläche verteilten Öffnungen erscheinen aus der glatten Front wie ausgestanzt. Die Eingangsseite im Osten ist weitgehend geschlossen.

/// Glasfronten und Schiebetüren beziehen den Garten in das Wohnerlebnis ein und sorgen für fließende Übergänge zwischen innen und außen. Die umlaufende Holzplattform erweitert die Wohnfläche schwellenlos ins Freie.

/// Über die zweigeschossige Glasfassade im Westen können die Sonnenstrahlen üppig hereindringen. Der Luftraum sorgt auch optisch für Großzügigkeit.

/// Rechte Seite links: Der kompakt organisierte Grundriss kommt fast ohne Verkehrsflächen aus. Der Treppenaufgang ins Obergeschoss liegt hinter der Küchenzeile.

/// Rechte Seite rechts: Auch im Bad wurde aus der Raumnot eine Tugend gemacht. Durch eine Glasscheibe reicht der Blick über den Luftraum hinweg bis in den Garten.

der geschossübergreifende Luftraum auf der Westseite die geringe Deckenhöhe von nur 2,30 Metern kompensieren hilft und ein Gefühl von Offenheit und Weite auch in der Vertikalen entstehen lässt. Das Obergeschoss bietet ebenfalls interessante Perspektiven: Von der Badewanne blickt man durch eine Glasfront über den zweigeschossigen Wohnraum hinweg direkt ins Grüne und auf die Blütenkrone eines alten Magnolienbaums. Extremste Raumökonomie war im winzigen Kinderzimmer gefragt, das kaum sechs Quadratmeter misst: Die Etagenbetten sind versetzt angeordnet, sodass jedes Kind neben seinem Schlafplatz noch ein eigenes kleines Aussichtsfenster hat.

Klare Linien und eine reduzierte Formensprache kennzeichnen das schlichte Haus, das in Holzrahmenbauweise errichtet und mineralisch verputzt wurde. Der diffusionsoffene Wandaufbau mit Zellulosedämmung ermöglicht eine natürliche Regulierung der Raumfeuchte und bietet einen optimalen Wärmeschutz. Über die großen Fenster dringt viel Sonnenlicht herein, in den Übergangszeiten sorgt ein Holzofen im Wohnraum für angenehme Strahlungswärme. Beheizt wird das nicht unterkellerte Gebäude über eine Gastherme, die in einem separaten Technikraum an der Grundstücksgrenze untergebracht ist und auch das bestehende Gartenhaus an der Straße mitversorgt.

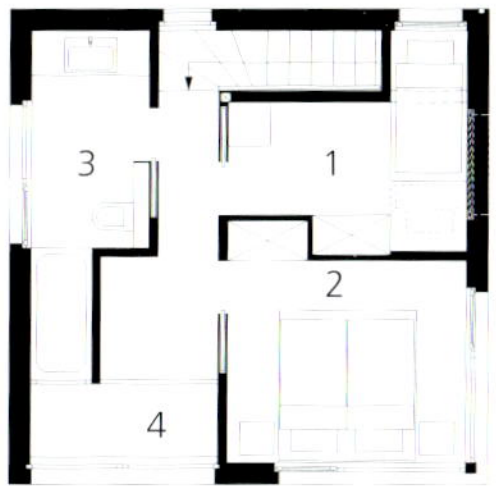

Obergeschoss
M 1:200

1 Kinder
2 Schlafen
3 Bad
4 Luftraum

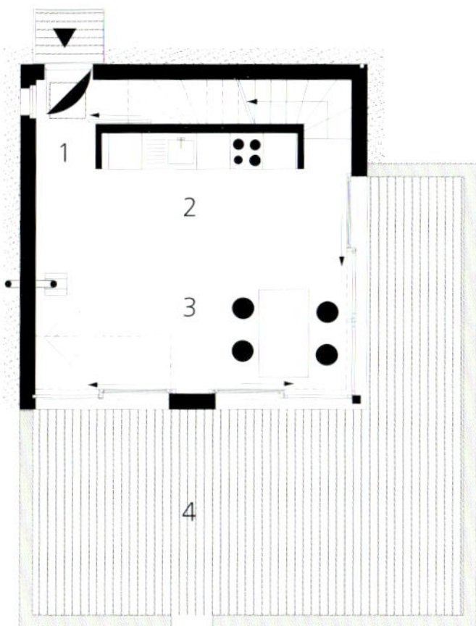

Erdgeschoss
M 1:200

1 Windfang/Garderobe
2 Kochen
3 Essen/Wohnen
4 Terrasse

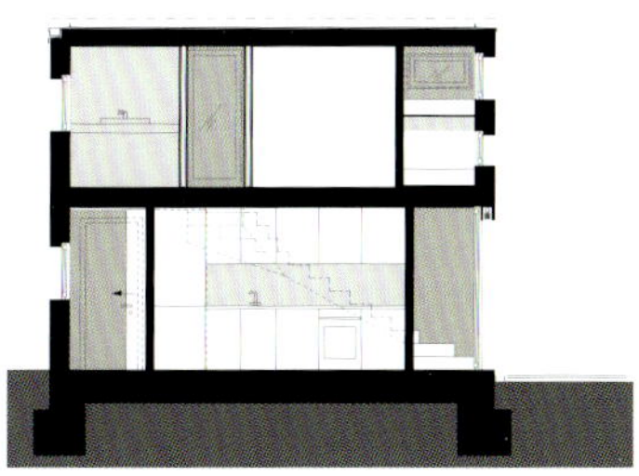

Schnitt
M 1:200

Gebäudedaten

Grundstücksgröße: 638 m²
Wohnfläche: 58,81 m²
Zusätzliche Nutzfläche: 21,34 m² (Terrasse)
Anzahl der Bewohner: 1–3
Bauweise: Holzrahmenbau mit Zellulosedämmung
Baukosten gesamt: 142.000 Euro
Energiekonzept: Gasbrennwerttherme
Heizwärmebedarf: 63,74 kWh/m²a
Primärenergiebedarf: 70,37 kWh/m²a
Fertigstellung: 2008

Lageplan

SOLITÄR IN SICHT-BETON

/// Wie eine Skulptur wirkt dieser scharfkantige Sichtbetonbau: Seine polygonale Umrissform orientiert sich am asymmetrischen Grundstücksverlauf und ermöglicht es, die Innenräume optimal zu den einzelnen Belichtungsseiten auszurichten. Ein Gebäuderücksprung lässt vor dem Wohnraum einen überdachten Sitzplatz entstehen. Aufgrund der Hanglage ist der teilunterkellerte Bereich mit Garage und Technikraum ebenerdig anfahrbar.

atelier st / Leipzig

Einfamilienhaus in Zwickau

Wie aus einem Guss wirkt dieses scharfkantige Gebäude. Mit seiner polygonalen Umrissform und dem flachen Dach sticht der massive Sichtbetonbau sofort ins Auge, fügt sich jedoch in Maßstab und Proportion zurückhaltend in den baulichen Kontext der Stadtrandsiedlung ein. Großformatige Fensteröffnungen mit tiefen Laibungen scheinen aus der monolithischen Masse herausgestanzt zu sein und verleihen den Fassaden ihre Plastizität. Im Kontrast zur hellen Betonoberfläche wurden die Gebäudeeinschnitte an Terrasse und Garagenzufahrt mit vorgehängten hinterlüfteten Fassadenelementen aus eloxierten Aluminiumelementen verkleidet.

Während Sichtbeton – insbesondere als Fassadenmaterial – bei vielen Bauherren nach wie vor auf Skepsis stößt, kam für den Auftraggeber von Anfang an nichts anderes infrage: Er ist selbst in der Betonindustrie tätig, sodass sein privates Wohnhaus gewissermaßen zum Referenzobjekt wurde, das die Qualitäten und technischen Möglichkeiten des Werkstoffs anschaulich machen sollte. Unter diesen Voraussetzungen verwendeten alle Beteiligten größten Ehrgeiz darauf, einen äußerst präzisen, gleichmäßigen und glatten Beton zu entwickeln.

Das Gebäude wurde komplett als monolithische Stahlbetonkonstruktion mit zweischaligem Wandaufbau und

/// Mit welcher Präzision die Betonarbeiten hier ausgeführt wurden, ist bereits an der gleichmäßigen Oberfläche der Vorsatzschale zu erkennen: Das feine Netz der Schalungsstöße wird von dem exakten geometrischen Raster der Ankerlöcher überzogen.

druckfester Kerndämmung errichtet. An die Qualität der Sichtbetonvorsatzschale wurden dabei allerhöchste Anforderungen gestellt: Mittels einer zweilagigen, konstruktiven Bewehrung gelang es, extrem schlanke äußere Wandstärken von nur 15 Zentimetern zu realisieren. Ein besonderes Augenmerk galt auch der exakten Ausbildung der Kanten und Fugen. Zum Einsatz kamen eine speziell angefertigte Trägerschalung sowie Schalplatten mit extrem glatter Oberfläche und nichtsaugender, filmbeschichteter Schalhaut. Die so erzeugte hochwertige plane Oberfläche des Betons wurde zusätzlich mit einer feinen cremefarbenen Lasur optisch veredelt und gleichzeitig vor Witterungseinflüssen geschützt.

Der klaren Geometrie der äußeren Form steht eine überraschende räumliche Komplexität im Innern entgegen. Wechselnde Deckenhöhen und geschossübergreifende Lufträume sorgen für spannungsvolle Abfolgen. Auch das Interieur ist in deutlichem Kontrast zur harten Außenschale gestaltet: Die Sichtbetonoberflächen sind gespachtelt und cremeweiß gestrichen, natürliche Materialien wie dunkles Holz, heller Naturstein oder cremefarbene Stoffe strahlen Wärme und Geborgenheit aus. Zahlreiche Möbel sowie erforderliche Stauräume wurden unauffällig und platzsparend als Einbauten integriert. Auch die von den Architekten entworfene Küche oder die großformatigen flächenbündigen Türen fügen sich nahtlos in das wohldurchdachte Konzept ein und tragen zum harmonischen Gesamteindruck bei. Entgegen landläufigen Vorurteilen liefert dieses moderne Sichtbetonhaus den besten Beweis, dass man dem spröden Werkstoff mit viel Kreativität und handwerklicher Raffinesse nicht nur ungewöhnliche funktionale, sondern auch bemerkenswerte sinnliche Qualitäten abgewinnen kann – bei Beton kommt es eben immer darauf an, was man daraus macht.

/// Der offene Wohnbereich auf der Westseite reicht in einen zweigeschossigen Luftraum hinein, der den Sichtkontakt zwischen den beiden Hausebenen herstellt und zusätzliches Licht auch von oben hereinfallen lässt.

/// Hell und freundlich wirken die Innenräume, die in bewusstem Kontrast zur äußeren Sichtbetonschale gestaltet wurden: Die Decken und Wände sind cremeweiß gestrichen, der Bodenbelag ist aus Travertin.

/// Stauräume und Schränke sind platzsparend in die Wandflächen integriert und verschwinden im ganzen Haus hinter maßgefertigten Einbauten. Küche und Essplatz gehen offen ineinander über.

/// Repräsentativ wirkt die zweigeschossige Eingangshalle im Zentrum des Hauses. Von der Galerie im Obergeschoss werden die Schlaf- und Nebenräume direkt erschlossen, im Hintergrund erkennt man den Luftraum über dem Wohnbereich.

Obergeschoss
M 1:200

1 Luftraum
2 Galerie
3 Arbeiten
4 Schlafen
5 Ankleide
6 Bad

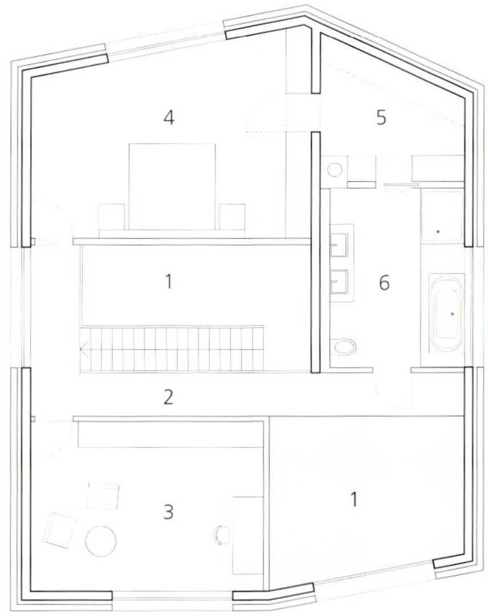

Gebäudedaten

Grundstücksgröße: 1.500 m²
Wohnfläche: 170 m²
Zusätzliche Nutzfläche: 59 m²
Anzahl der Bewohner: 3
Bauweise: massiv, Stahlbetonkonstruktion mit zweischaligem Wandaufbau und Kerndämmung
Energiekonzept: Erdwärmepumpe, Kaminofen als Zusatzheizung
Heizwärmebedarf: 67 kWh/m²a
Primärenergiebedarf: 68 kWh/m²a
Fertigstellung: 2008

Lageplan

Erdgeschoss
M 1:200

1 Eingangshalle/Foyer
2 Gäste-WC
3 Kind
4 Kinderbad
5 Vorrat
6 Kochen
7 Essen
8 Wohnen
9 überdachte Terrasse

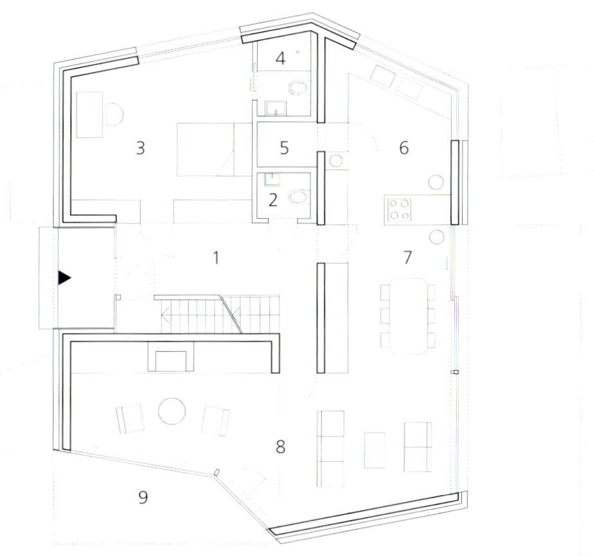

Schnitt
M 1:200

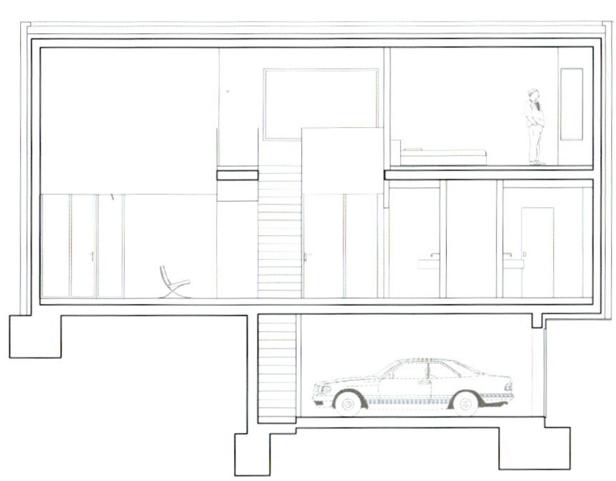

PURISMUS IN PERFEKTION

/// Von seinem reichen Innenleben gibt dieses Einfamilienhaus in der Oberpfalz auf den ersten Blick nur wenig preis: Zur Straße hin schirmt eine geschlossene Wand mit Nebengebäuden und Garagen den Baukörper gegen fremde Blicke ab. Auf der Gartenseite entsteht im Winkel beider Haustrakte ein sichtgeschützter Innenhof.

Berschneider + Berschneider / Neumarkt

Einfamilienhaus in Neumarkt

Mit klaren Formen und klassisch moderner Architektursprache präsentiert sich dieses großzügige Familiendomizil in der Oberpfalz. Die Architekten konzipierten eine winkelförmige Anlage, die sich zu einer dreidimensionalen Collage aus kubischen, weiß verputzten Elementen zusammenfügt: Quader scheinen sich ineinanderzuschieben, übereinanderzustapeln oder wie schwerelos aus dem Gebäude herauszuragen.

Auf der Zugangsseite, wo sich das Haus mit einer eingeschossigen Nebenraumzone gegen die Straße abschirmt, ist dies zunächst nur zu erahnen: Der vorgelagerte Trakt, in dem neben einer Doppelgarage auch das Home-Office untergebracht ist, verwehrt jeden Einblick. Erst wenn man das transluzente, grün schimmernde Eingangstor – das nachts effektvoll illuminiert wird – passiert hat, nimmt man die Anlage in ihrer ganzen Dimension wahr. Auf der Gartenseite umschließen die beiden Gebäudehälften einen sichtgeschützten Innenhof. Der offene Wohn-, Koch- und Essbereich im Haupthaus orientiert sich mit raumhohen Glasfronten und Schiebetüren ganz auf die vorgelagerte Terrasse.

Das Interieur verrät eine Liebe zum Detail, die charakteristisch für sämtliche Entwürfe des Büros ist: Gudrun und Johannes Berschneider, die beide auch ausgebildete Innenarchitekten sind, planten den gesamten Innenausbau, was nicht zuletzt zum harmonischen Gesamteindruck beiträgt.

/// Im Außenbereich wurden auf Wegen und Terrassen großformatige Sichtbetonplatten verlegt. Der prächtige alte Apfelbaum, auf dessen Erhalt die Bauherren großen Wert legten, beschirmt den Sitzplatz: Er dient als markanter Blickfang und Schattenspender.

/// Fernöstliches Flair vermitteln die puristisch angelegten Freibereiche mit Kiesflächen und Buchskugeln. Das ebenso kunstvolle wie minimalistische Arrangement wird durch eine Cortenstahlwand an der Grenze zum Nachbarn ergänzt.

Die Reduktion auf wenige Farben und Materialien korrespondiert mit der formalen äußeren Strenge des Baukörpers, die dezente Möblierung mit maßgefertigten Einbauten ist als solche oft kaum wahrzunehmen: Schränke, Türen oder beispielsweise die Küchenzeile liegen bündig in den Wänden, teils als unauffällig plane, weiße Flächen, teils als punktuelle farbige Akzente.

Ebenso puristisch wirkt der fugenlos zementgebundene Spachtelboden: Er zieht sich durchs ganze Haus und fasst die Räume auch optisch zu einer Einheit zusammen. Die Treppe ins Obergeschoss wiederum ist komplett in unbehandeltem Stahl ausgeführt. Verdeckt liegende Oberlichtbänder sorgen zusätzlich für Helligkeit und tauchen das Innere je nach Tages- oder Jahreszeit in stets wechselnde Stimmungen. Mit seiner zeitlosen, zurückhaltenden Architektur entspricht das Haus ganz den Vorstellungen der Bauherren – nicht zuletzt, weil sich sein klares Konzept ebenso konsequent im Außenraum fortsetzt: Eine geschosshohe Cortenstahlwand dient als Blickfang und Sichtschutz zugleich, der streng geometrisch angelegte Garten mit niedrigen Buchskugeln, die aus einem Kiesbett sprießen, vermittelt fernöstliches Flair. Mit den großformatigen Sichtbetonplatten, die als Terrassen- und Wegebelag dienen, fügt sich alles zu einem ästhetisch ebenso ansprechenden wie wohl arrangierten Gesamtkunstwerk zusammen.

/// Deckenhohe Glasfronten ermöglichen diagonale Sichtkontakte zwischen den einzelnen Haushälften: Vom Essplatz reicht der Blick über die Terrasse hinweg zum eingeschossigen Eingangs- und Bürotrakt auf der gegenüberliegenden Seite.

/// Im Erdgeschoss gehen Ess-, Koch- und Wohnbereich offen ineinander über. Stauräume oder Küchenutensilien verschwinden diskret hinter maßgefertigten Einbauten und Schränken von beachtenswerter handwerklicher Perfektion.

/// Heller Parkettboden sorgt in den privaten Räumen im Obergeschoss für eine wohnliche Atmosphäre. Hinter der holzverkleideten Brüstung neben dem Treppenaufgang liegt das Fernsehzimmer.

/// Für einen reizvollen Materialkontrast sorgt die Treppe, die komplett aus unbehandeltem Stahl gefertigt wurde. Ebenso praktisch wie schön ist der fugenlose, zementgebundene Spachtelboden, der die Räume auch optisch zu einer Einheit zusammenfasst.

/// Die gleiche Spachteltechnik kam auch beim Elternbad im Obergeschoss zum Einsatz: Die in verschiedenen Grautönen changierenden Wand- und Bodenflächen lassen den Raum wie aus einem Guss erscheinen.

Obergeschoss
M 1:250

1 TV/Medienraum
2 Kinderbad
3 Kind
4 Ankleide
5 Elternbad
6 Eltern
7 Balkon

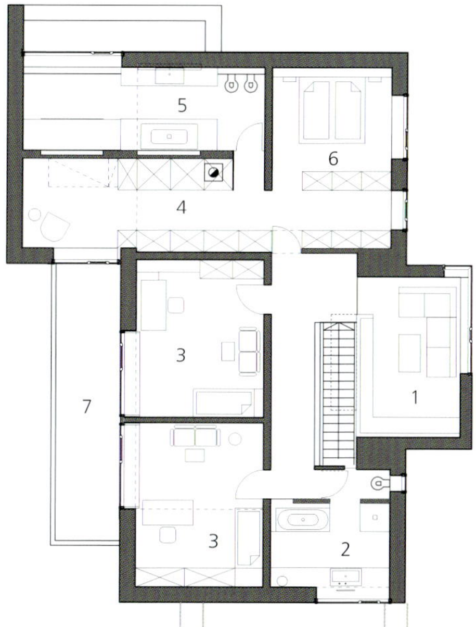

Erdgeschoss
M 1:250

1 Eingang/Innenhof
2 Büro
3 WC
4 Abstellen
5 Diele/Garderobe
6 Hauswirtschaft
7 Essen
8 Kochen
9 Speisekammer
10 Bibliothek
11 Kamin
12 Wohnen
13 Garage

Schnitt
M 1:250

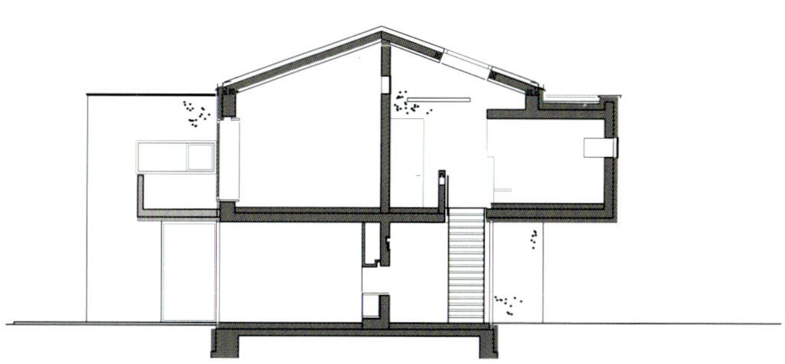

Gebäudedaten

Grundstücksgröße: 1.811 m²
Wohnfläche: 347 m²
Zusätzliche Nutzfläche: 286 m²
Anzahl der Bewohner: 4
Bauweise: massiv
(Porenbetonsteine, 49 cm)
Energiekonzept: Erdsonden-Wärmepumpe
Fertigstellung: 2007

Lageplan

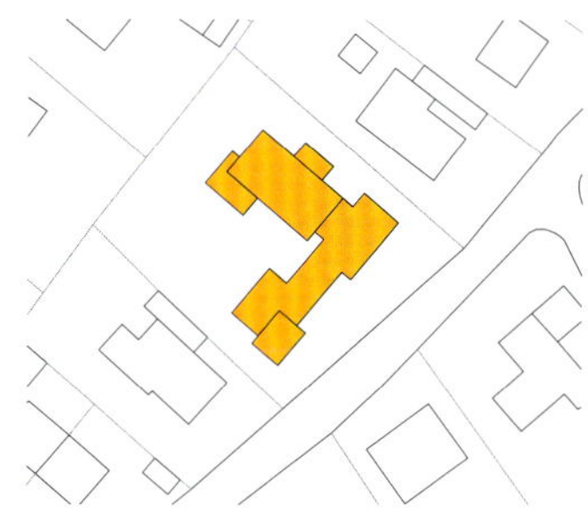

ELEGANTER ENERGIE-SPARER

/// Kontrastreich ist die Fassade dieses Einfamilienhauses gestaltet: Die Erschließungs- und Nebenraumspange auf der Nordseite ist mit einer schwarzen Holzschalung verkleidet, während der südorientierte Trakt mit den Aufenthaltsräumen eine weiße Putzfassade erhielt. Der Geländesprung ermöglichte es, auf dem Dach der Garage eine großzügige Terrasse anzulegen.

Architekten Mühlich, Fink & Partner / Ulm

Einfamilienhaus in Weißenhorn

Auf einem Hanggrundstück in Weißenhorn, inmitten einer seit Jahrzehnten gewachsenen Siedlungsstruktur, entstand dieses moderne Familiendomizil: Nachdem im Zuge einer Nachverdichtung ein frei werdendes Areal in vier einzelne kleinere Parzellen aufgeteilt worden war, bot sich den Bauherren die Möglichkeit, ihren Traum vom eigenen Haus zu verwirklichen. Das Grundstück liegt am Ende einer schmalen Stichstraße und bietet einen schönen Fernblick in die freie Landschaft, den die Architekten durch die geschickte Auseinandersetzung mit der Topografie entsprechend in Szene setzten.

Das Gebäude ist am östlichen Grundstücksrand positioniert, wo die Höhendifferenz zwischen Zufahrt und Umgebung mehrere Meter beträgt. Trotz Hanglage gelang es den Planern auf diese Weise, zwei gut nutzbare Geländeniveaus zu schaffen: Vor dem tiefer gelegenen Zufahrts- und Eingangsbereich auf der Westseite entstand ein großzügiger Vorplatz, während der höher gelegene private Freibereich mit Garten über eine großzügige südorientierte Terrassenplattform verfügt, die auf dem Dach der Doppelgarage entstand.

Alle Aufenthaltsräume orientieren sich nach Süden, sämtliche Nebenräume nach Norden. Diese ebenso klare wie konsequente Grundrissaufteilung ist bereits an der Fassade abzulesen: Im Gegensatz zu den weiß verputzten Fronten der Wohnbereiche erhielt die rückwärtige Erschlie-

/// Ganz oben links: Eine halbhohe Wandscheibe trennt die offene Küche ab, ohne den Sichtkontakt in den Wohn- und Essbereich zu unterbinden. Ein Fensterband sorgt für die Belichtung der Arbeitsflächen.

/// Links: Hell und freundlich wirkt der breite Eingangsflur im Hanggeschoss. Die Garderobe verschwindet hinter einer deckenhohen Schrankwand, die Treppe führt zu den darüber liegenden Wohnräumen.

/// Schaufenster zum Grün: Mit einer bodentiefen Übereckverglasung fängt der Wohnraum auf der Westseite die Abendsonne ein und eröffnet schöne Perspektiven in die freie Landschaft.

ßungs- und Nebenraumspange eine schwarze Holzschale, die sich wie ein schützender Rücken um das Gebäude legt. Eingangstür und Garagentore im Hanggeschoss wurden flächenbündig integriert und verschwinden dezent in der Verkleidung. Die Hauptwohnebene der vierköpfigen Familie liegt im Erdgeschoss, wo eine bodentiefe, übereck laufende Glasfront im Westen wie ein großes Schaufenster den Blick in die Landschaft freigibt. Das Obergeschoss, in dem sich die privaten Rückzugsbereiche befinden, öffnet sich mit einem Fensterband in Richtung Gartenterrasse.

Doch nicht die schöne Aussicht, sondern vor allem Aspekte der Energieeffizienz waren es, die bei der Konzeption dieses Hauses im Vordergrund standen – und zu den wichtigsten Planungsvorgaben der Bauherren zählten: Mit einem Heizwärmebedarf von nur 35 kWh/m²a liegt das Gebäude deutlich unter den Werten eines Niedrigenergiehauses und nähert sich dem Passivhausstandard an. Kompakte Bauweise, geschickte Grundrissorganisation, Wärmedämmverbundsystem und Dreifachisolierverglasungen bieten hierfür bereits beste Voraussetzungen. Zur weiteren energetischen Optimierung trägt eine kontrollierte Wohnraumlüftung mit Wärmerückgewinnung und Erdwärmetauscher ebenso bei wie die thermischen Solarkollektoren. Der verbleibende geringe Restwärmebedarf wird über eine Gasbrennwerttherme gedeckt.

Obergeschoss
M 1:200

1 Abstellen
2 Bad
3 Zimmer

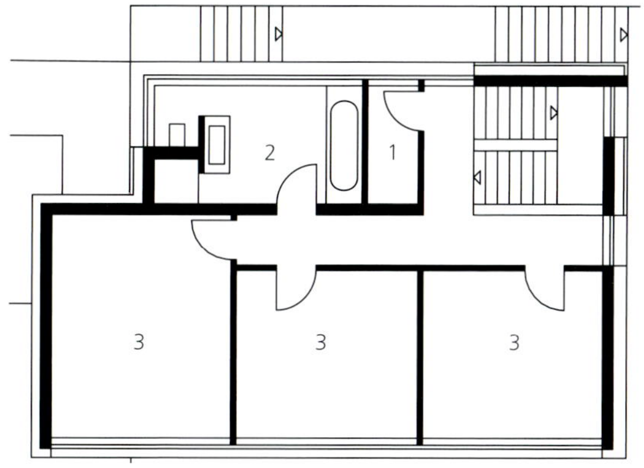

Gebäudedaten

Grundstücksgröße: 839 m²
Wohnfläche: 175 m²
Zusätzliche Nutzfläche: 20 m²,
Garage 66 m²
Anzahl der Bewohner: 4
Bauweise: massiv (Ziegel/Stahlbeton), Fassade im Wärmedämmverbundsystem
Energiekonzept: Dreifachisolierverglasungen, kontrollierte Wohnraumlüftung mit Wärmerückgewinnung (Lüftungskanäle in Stahlbetondecken integriert), Erdwärmetauscher, thermische Solarkollektoren, Gasbrennwerttherme
Heizwärmebedarf: 35 kWh/m²a
Primärenergiebedarf: 60 kWh/m²a
Fertigstellung: 2007

Erdgeschoss
M 1:200

1 Gäste-WC
2 Kochen
3 Essen/Wohnen
4 Arbeiten
5 Terrasse

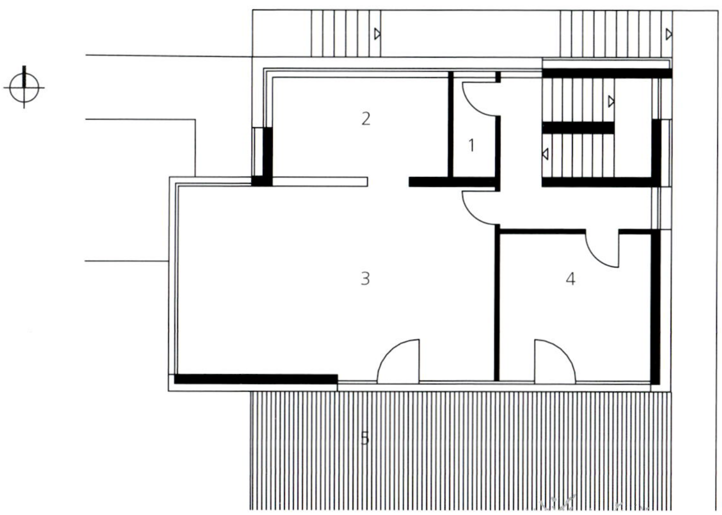

Schnitt ohne Maßstab

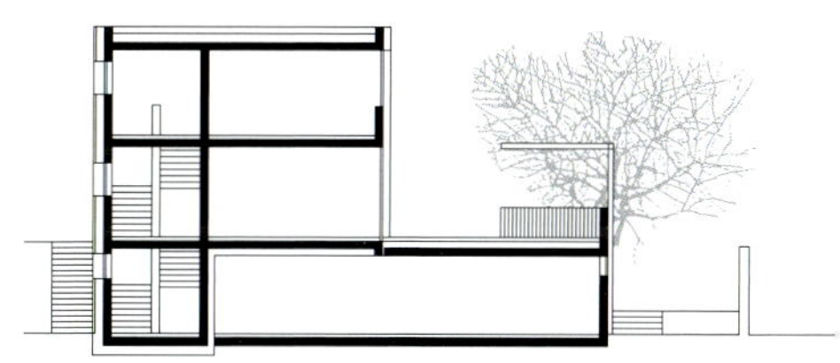

Hanggeschoss
M 1:200

1 Eingang/Flur
2 Technik
3 Garage

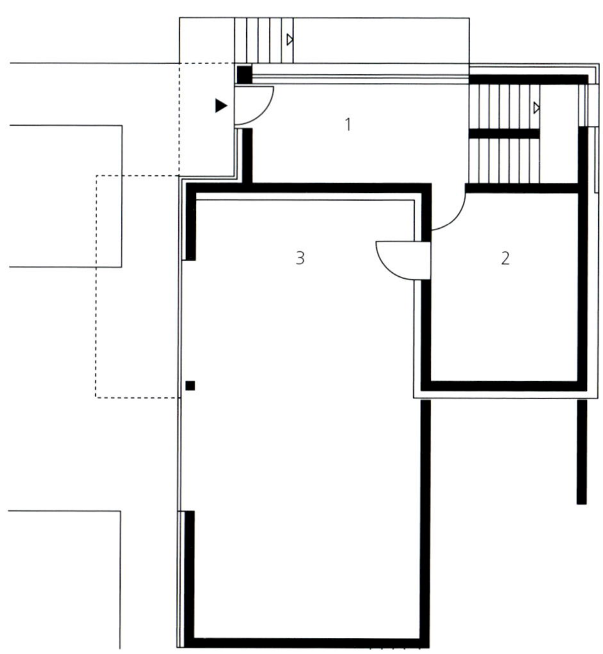

Lageplan

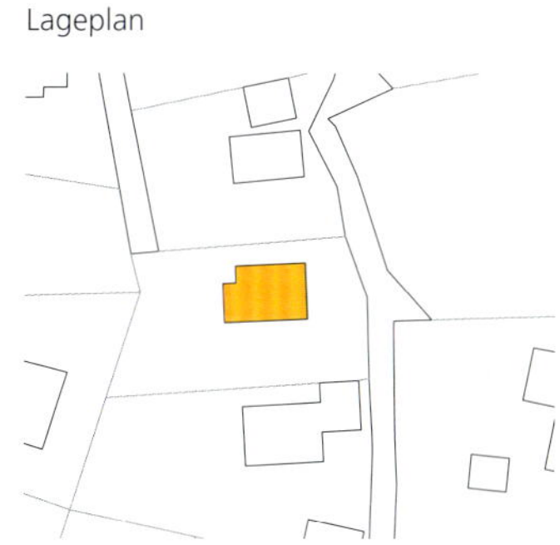

ELEXIBLER FAMILIEN-SITZ

/// Naturstein, Putz und Glas bestimmen die Ansichten dieses großzügigen Einfamilienhauses bei München: Das winkelförmige Gebäude umschließt in seiner Mitte eine geschützt liegende Terrasse. In den beiden Kopfbauten sind die Schlaftrakte untergebracht, dazwischen erstreckt sich das transparente Erdgeschoss mit den Gemeinschaftsbereichen.

Bembé Dellinger Architekten / Greifenberg

Einfamilienhaus in München

Es sollte ein Haus werden, das genügend Raum für Veränderungen bietet: Als neues Domizil schwebte den Auftraggebern ein Gebäude vor, das sich dem Wachsen und Schrumpfen einer Familie sowie den langfristig wandelnden Bedürfnissen seiner Bewohner unkompliziert anpassen lässt. Auch was die Raumorganisation betraf, hatten sie bereits ganz klare Vorstellungen – insbesondere die Privatbereiche sollten sich gut separieren lassen. Der Bauherr wünschte sich zunächst einen eigenen Schlaftrakt, die Dame des Hauses wiederum einen großzügigen privaten Rückzugsbereich für sich und die kleinen Kinder. Später dann würden Eltern und Kinder jeweils einen eigenen Trakt bewohnen. Eines Tages, wenn der Nachwuchs aus dem Haus ist, sollten Teilbereiche als Gästesuiten oder beispielsweise auch als Unterkunft für Pflegepersonal umgenutzt werden können.

Diese Eckpunkte der Planung fanden auch in der Architektur ihren Ausdruck. Felix Bembé und Sebastian Dellinger konzipierten ein Haus, das wie eine kleine Siedlung angelegt ist und ganz differenzierte Raumqualitäten bietet. Über einem winkelförmigen Erdgeschoss erheben sich an den beiden Gebäudeenden zwei weiße Kuben. Während in der Eingangsebene das Familienleben stattfindet – hier trifft man sich, hier wird gekocht, gemeinsam gegessen, gespielt oder gelesen –, haben die Bewohner in der oberen Etage getrennte Rückzugsbereiche: Die beiden Kopfbauten

/// Klare Linien bestimmen auch die Küche: Auf Oberschränke wurde verzichtet, stattdessen blickt man von der lang gestreckten Arbeitsfläche durch eine Glasfront in den Garten.

/// Die mit Naturstein verkleidete Kaminwand im Wohnbereich fungiert als Wärmespender und dekorativer Raumteiler zugleich.

/// Hermetisch verschlossen gibt sich der Bau zur Straße hin: Die weißen Putzflächen der massiven Kuben lassen die Blicke abprallen.

werden jeweils über separate Treppen erschlossen. Erweitert wird das üppige Raumangebot durch das weitläufige Untergeschoss, das neben Lager- und Technikräumen auch einen Wellnessbereich, ein kleines Kino sowie einen Büroraum beherbergt.

Nach außen hin präsentiert sich der Baukörper in einfacher klarer Architektur- und Formensprache. Die weiß verputzten Kuben verschneiden sich mit den Stein-Glas-Fassaden des Erdgeschosses, hervortretende und übereck gezogene Fensterbänder geben den Ansichten ein unverwechselbares Erscheinungsbild. Dem Wunsch der Bauherren nach einem reduzierten Materialkanon entsprachen die Architekten, indem sie als Fassadenverkleidung einen frostsicheren Kalksandstein wählten, der auch als Bodenbelag im Innen- und Außenbereich sowie in den Bädern zum Einsatz kam.

Mit Blick in die Zukunft wurde auch das Energiekonzept entwickelt, das ganz auf regenerative Quellen setzt: Eine Grundwasserwärmepumpe liefert die erforderliche Energie zur Beheizung des Hauses. Unterstützt wird die Wärmeversorgung von einer 40 Quadratmeter großen thermischen Kollektoranlage, die unsichtbar hinter der überhöhten Attika der Garage verschwindet und kostenlose Sonnenenergie bereitstellt. Langfristig soll zudem eine Fotovoltaikanlage installiert werden, entsprechende Vorrüstungen sind bereits vorhanden.

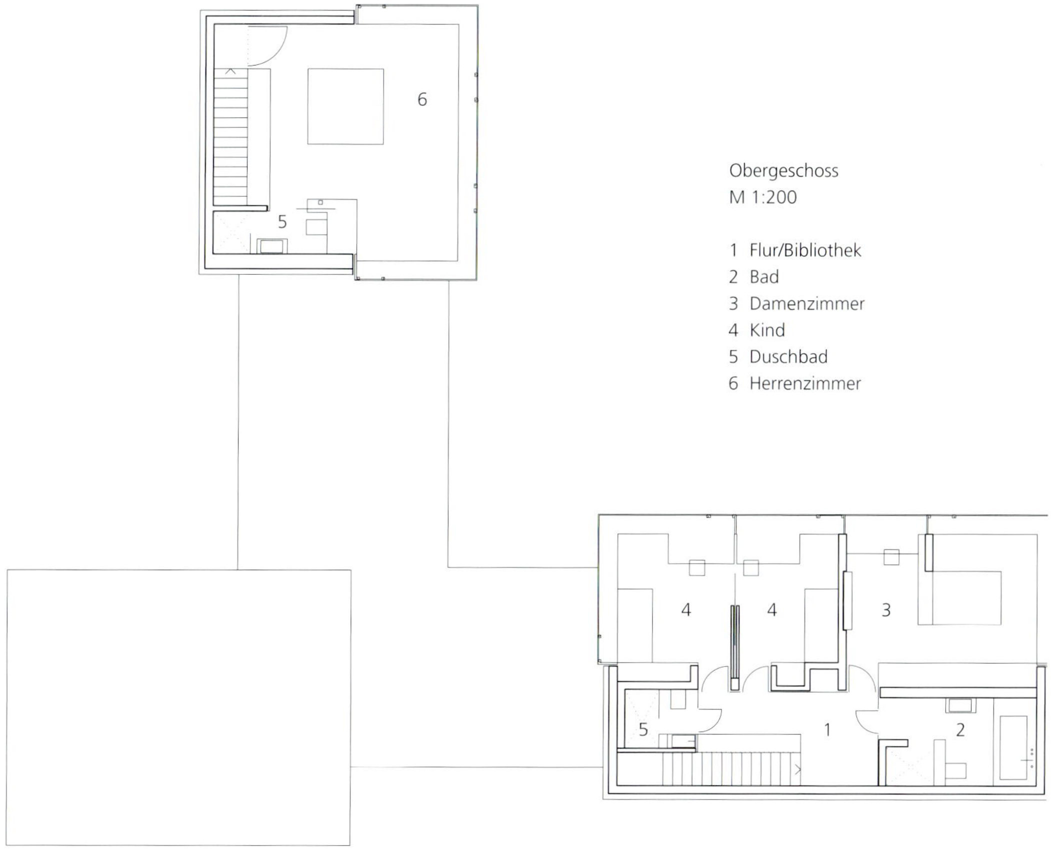

Obergeschoss
M 1:200

1 Flur/Bibliothek
2 Bad
3 Damenzimmer
4 Kind
5 Duschbad
6 Herrenzimmer

Gebäudedaten

Grundstücksgröße: 1.367 m²
Wohnfläche: 207 m²
Zusätzliche Nutzfläche: 154 m²
Anzahl der Bewohner: 4
Bauweise: massiv (Ziegel/Stahlbeton)
Energiekonzept: Grundwasserwärmepumpe, Dreifachisolierverglasungen, Solarthermie, Vorrüstungen für Fotovoltaikanlage
Heizwärmebedarf: 67,95 kWh/m²a
Primärenergiebedarf: 49,88 kWh/m²a
Fertigstellung: 2007

Schnitt ohne Maßstab

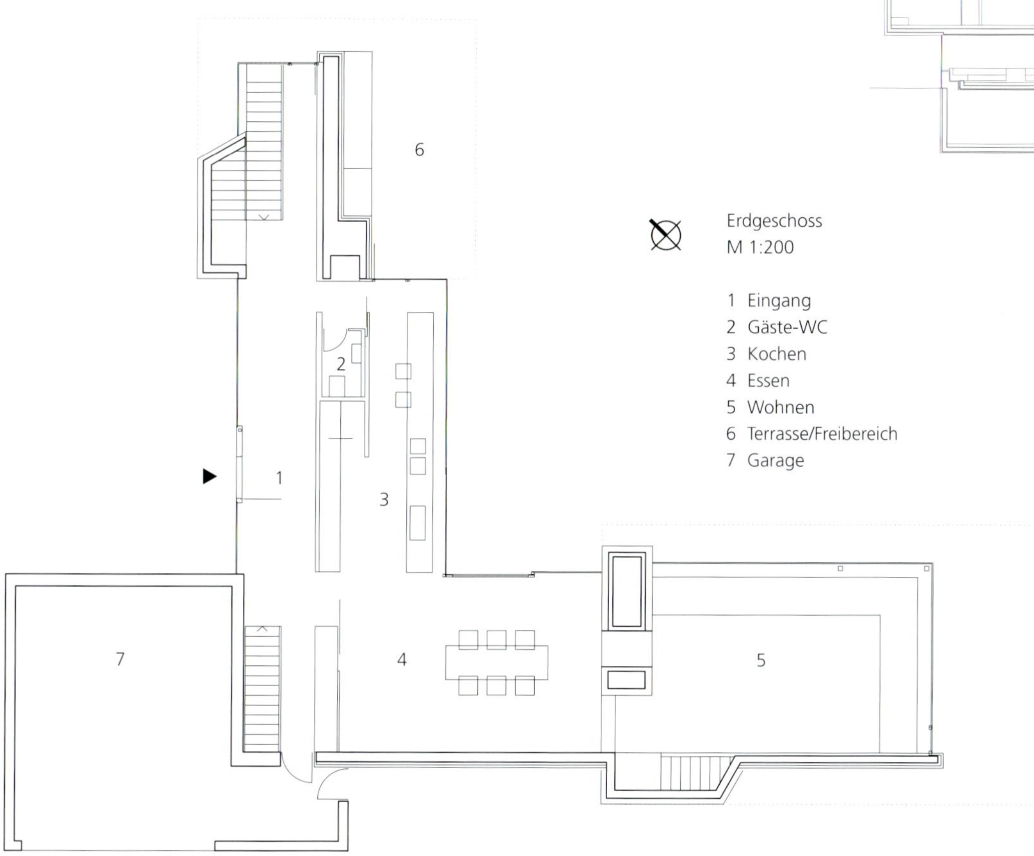

Erdgeschoss
M 1:200

1 Eingang
2 Gäste-WC
3 Kochen
4 Essen
5 Wohnen
6 Terrasse/Freibereich
7 Garage

Lageplan

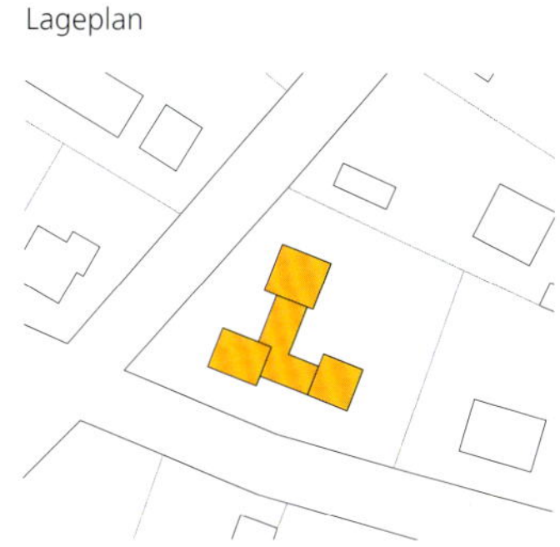

MASSVOLLE MODERNE

/// Mit skulptural geformter Fassade präsentiert sich dieses Einfamilienhaus. Je nach Standpunkt verändert sich sein Erscheinungsbild: Das sanft abfallende Pultdach nimmt man nur in der Seitenansicht wahr. Die Vor- und Rücksprünge in der Fassade sowie die unregelmäßige Textur des Vormauerwerks verleihen dem Baukörper zusätzlich Plastizität.

Goetz Hootz Castorph Architekten / München

Einfamilienhaus in München

Diese Villa in einem der typischen vorstädtischen Einfamilienhausgebiete spielt raffiniert mit den Erwartungen ihrer Betrachter: Auf der Zugangsseite präsentiert sie sich als kompakter Backsteinkubus und lässt ein konventionelles rechteckiges Giebelhaus vermuten. Beim Betreten jedoch offenbart sie ihr eigentliches, in die Tiefe des Grundstücks gestaffeltes Volumen. Als winkelförmiger, lang gestreckter Baukörper legt sie sich wie eine breite schützende Mauer um die Rasenfläche in ihrer Mitte.

Die rote Backsteinverkleidung hebt die skulpturalen Qualitäten des kubischen Baukörpers hervor, wobei seine formale Strenge durch die unregelmäßige Textur und die changierenden Farbtöne des Vormauerwerks abgemildert wird. Eingearbeitete Schmuckmotive lassen die sorgsame Detaillierung und handwerklich hochwertige Ausführung erkennen. Vordächer, Verkleidungen und Fensterrahmen sind mit dunklem Metall verblendet. Breite Schiebetüren sorgen im Erdgeschoss für fließende Übergänge ins Freie und verschwinden in geöffnetem Zustand dezent hinter den Vorsatzschalen der Außenwände.

Der Entwurf basiert auf dem traditionellen Konzept einer Enfilade. Diese klassische Abfolge von Wohnräumen wurde mit einem Bautypus der Nachkriegsmoderne, dem Winkelbungalow, kombiniert: Entlang der Ost-West-Achse reihen sich die repräsentativen, gemeinschaftlich genutzten Bereiche – Speisezimmer, Wohnzimmer, Bibliothek – aneinander.

/// Wenige Farben und Materialien prägen die Innenräume: Warmtoniger Parkettboden und pastellfarbene Wände bestimmen die Wohnatmosphäre im Obergeschoss.

/// Oben rechts: Die offene Enfilade der Wohnräume, deren streng axiale Ausrichtung durch das Wechselspiel unterschiedlicher Deckenhöhen geschickt aufgelockert wird, krönt der Ausblick in den Garten.

/// Auf der Zugangsseite gibt sich der Bau als kompakter, klar umrissener Kubus, der sein enormes, in die Tiefe des Grundstücks gestaffeltes Volumen nicht erahnen lässt.

Ihre streng axiale Ausrichtung wird durch das Wechselspiel unterschiedlicher Deckenhöhen und Raumproportionen sowie die differenzierte Farbgestaltung geschickt aufgelokkert. Senkrecht dazu, in Nord-Süd-Richtung, verläuft eine zweite Achse mit den privaten Schlaf- und Nebenräumen. **Die raumgreifende Architektur** und die villentypischen Ausmaße dieses Hauses sollen nicht darüber hinwegtäuschen, dass es sich in energetischer Hinsicht um ein äußerst sparsames Gebäude handelt: Die hoch wärmegedämmten zweischaligen Außenwände tragen zur guten Energiebilanz ebenso bei wie die passiven solaren Gewinne über die dreifach verglasten Fenster. Die Holzpelletheizung wird von einer thermischen Solaranlage unterstützt, die in die Dachfläche auf der Westseite integriert wurde und in der Übergangszeit auch die Beheizung des Außenpools übernimmt. Auf der straßenseitig geneigten Dachfläche sind Fotovoltaikzellen installiert, deren Strom zum Betrieb der kontrollierten Wohnraumlüftung eingesetzt wird und die mit dazu beitragen, dass der Primärenergiebedarf weit unter den Vorgaben der Energieeinsparverordnung liegt. Die moderne Technologie wird jedoch dezent verborgen und bleibt nahezu unsichtbar, denn „nachhaltige Architektur bedarf keiner energetischen Selbstdarstellung", so lautet die Meinung der Planer.

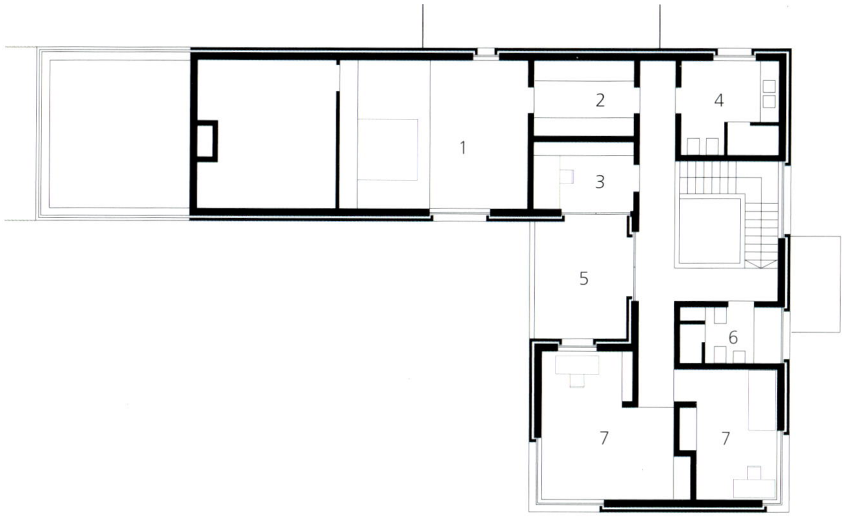

Obergeschoss
M 1:250

1 Schlafen Eltern
2 Ankleide
3 Arbeiten
4 Elternbad
5 Loggia
6 Kinderbad
7 Kind

Gebäudedaten

Grundstücksgröße: 1.593 m²
Wohnfläche: 267 m²
Zusätzliche Nutzfläche: 36 m²
Bauweise: massiv (Mauerwerk/Stahlbeton), hinterlüftete Ziegelvorsatzschale
Energiekonzept: Dreifachisolierverglasungen, Holzpelletheizung, kontrollierte Wohnraumlüftung mit Wärmerückgewinnung, dachintegrierte Fotovoltaikelemente sowie thermische Solarkollektoren zur Warmwasserbereitung und Heizungsunterstützung
Heizwärmebedarf: 47,82 kWh/m²a
Primärenergiebedarf: 23,29 kWh/m²a
Fertigstellung: 2008

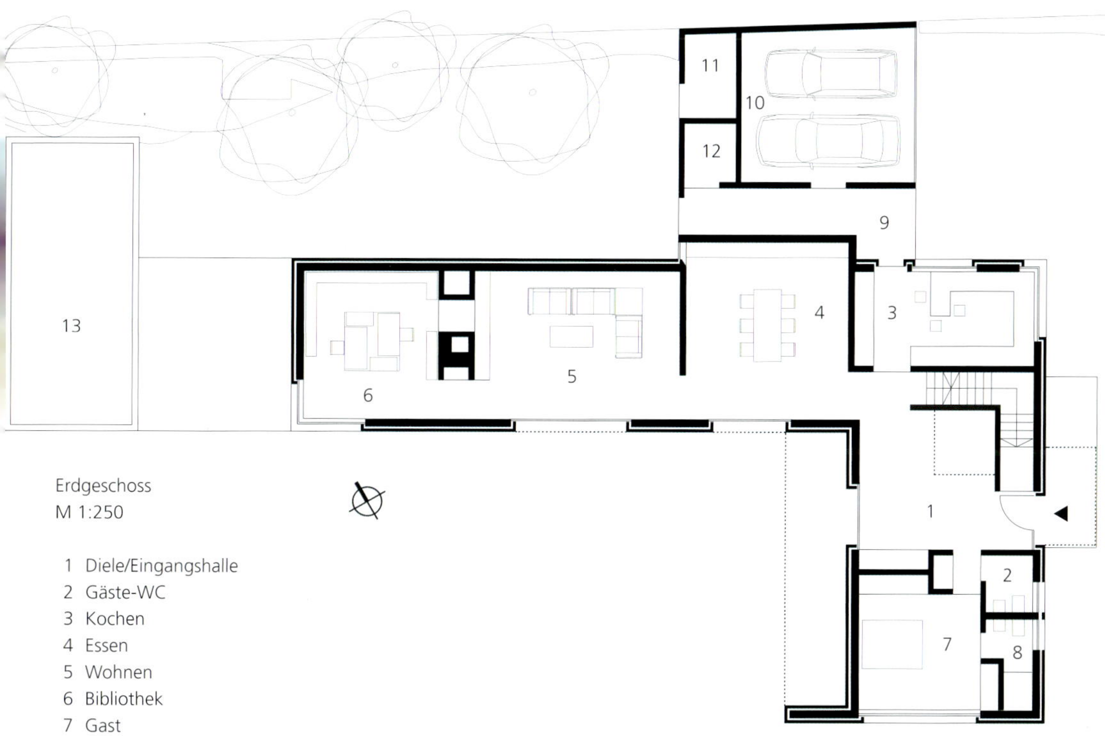

Erdgeschoss
M 1:250

1 Diele/Eingangshalle
2 Gäste-WC
3 Kochen
4 Essen
5 Wohnen
6 Bibliothek
7 Gast
8 Gästebad
9 Nebeneingang
10 Garage
11 Geräte
12 Fahrräder
13 Pool

Schnitt
M 1:250

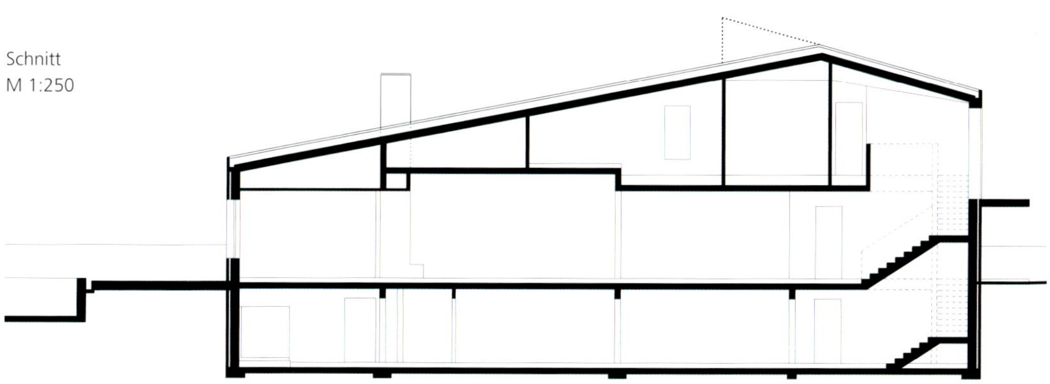

Lageplan

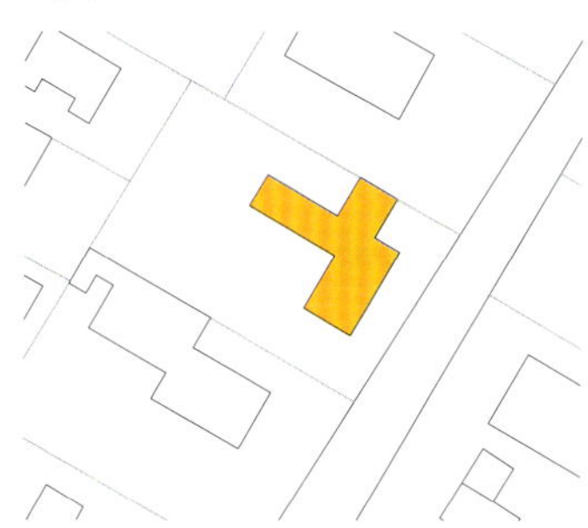

EINFACH ÜBERZEUGEND

/// Die monolithische Wirkung dieses Low-Budget-Hauses basiert auf seiner kompakten Umrissform und dem einheitlichen Material seiner Außenhaut: Dach und Fassade sind komplett mitdunkelroten Faserzement-Wellplatten verkleidet, was ebenso wie der Verzicht auf Dachrinnen oder Fallrohre mit dazu beitrug, die Baukosten möglichst gering zu halten.

SoHo Architektur – Alexander Nägele / Memmingen

Einfamilienhaus in Heimertingen

Als Solitär inmitten einer vorstädtischen Wohnsiedlung behauptet dieses kleine Einfamilienhaus sehr selbstbewusst seine Position. Archetypisch einfach und mit klarer Kontur, umhüllt von einem sanft gewellten Eternit-Kleid wirkt der strenge Satteldachbau fremd und vertraut zugleich. Zwar fügt er sich in Maßstab und Kubatur in seine Umgebung ein, seinem heterogenen baulichen Umfeld begegnet er jedoch mit freundlicher Distanz.

Die Bauherren hatten sich ein kostengünstiges Zweipersonenhaus gewünscht – es sollte nichts von der Stange sein, sondern ein individuell auf ihre Wohnbedürfnisse zugeschnittenes Domizil. Ihr Raumprogramm war rasch umrissen, und bei der Gestaltung ließen sie ihrem Architekten völlig freie Hand. Der enge Budgetrahmen gab den Ausschlag für Konstruktionsart, Materialwahl und Verarbeitung: Dach und Fassade des Holzelementbaus sind durchgängig mit dunkelroten Faserzement-Wellplatten verkleidet, die dem kompakten Bau sein ungewohnt homogenes Aussehen verleihen. Auf Dachrinnen und Fallrohre wurde verzichtet, das Regenwasser fließt entlang der Fassade in ein Kiesbett ab.

Sein gutes Gespür für Ökonomie bewies der Architekt auch bei der Grundrisskonzeption. Die Verkehrsfläche ist auf ein Minimum reduziert, im Erdgeschoss gehen Küche, Ess- und Wohnbereich offen ineinander über. Das in Gebäudemitte platzierte Treppenmöbel fungiert als Stauraum

/// Garage und Abstellraum sind in einen Betonkubus integriert. Eine Reihe Bambuspflanzen, die durch eine Öffnung im Holzdeck sprießt, schirmt den Sitzplatz auf der Südseite ab.

/// Rechte Seite: Eine geschosshohe Betonwand lässt zwischen Haupt- und Nebengebäude einen wind- und sichtgeschützten Freisitz entstehen, der als hölzerne Plattform ausgebildet wurde.

und Raumteiler zugleich, eine großzügige Deckenöffnung über dem Essplatz verbindet die Geschossebenen miteinander: Sie reicht bis unter den First und sorgt dafür, dass in dem nur 90 Quadratmeter großen Haus nirgendwo ein Gefühl von Beengtheit aufkommt. Die präzise platzierten Fensteröffnungen fokussieren Ausblicke in die Landschaft und erweitern den Wohnbereich auch optisch ins Freie.

Wenige Farben und Materialien bestimmen den Raumeindruck: Im Innern präsentiert sich der Holzelementbau mit einem betonierten Kern und unverputzten Oberflächen, alle übrigen Wände wurden weiß gestrichen. Der geglättete Estrich im Erdgeschoss hat sich als robuster Bodenbelag bereits bestens bewährt. Im Schlafraum in der oberen Etage wurden geölte Lärchenholzdielen verlegt, die sich auch im Bad als Wannenverkleidung fortsetzen. Auf Fliesen wurde verzichtet, Waschtischverkleidungen sowie Einbauregale sind aus Betonplan: filmbeschichteten Sperrholztafeln, die üblicherweise im Fahrzeugbau oder als Schalungsmaterial zum Einsatz kommen.

Jedes Detail ist hier gut durchdacht, was sich konsequenterweise auch im Außenraum fortsetzt: Eine geschosshohe Wandscheibe aus Sichtbeton verbindet Wohnhaus und Garage miteinander und formt einen schützenden Rücken, der eine großzügige holzgedeckte Terrassenplattform umschließt. Auf der Südseite schirmt eine Reihe Bambuspflanzen den Sitzplatz gegen Einblicke von der Straße ab. Mit dem Verzicht auf Standardlösungen, dem Einsatz preiswerter Materialien sowie der Konzeption einfacher, aber raffinierter Details ist es dem Architekten gelungen, eine kostengünstige Alternative zu marktüblichen Hauskonzepten zu entwickeln: Für 125.000 Euro ist hier ein ebenso erschwingliches wie unverwechselbares Domizil mit hoher Wohnqualität entstanden.

/// Zimmer mit Aussicht: Vom Schlaftrakt im Obergeschoss reicht der Blick durch eine rahmenlose Glasscheibe über den Luftraum des Essplatzes hinweg auf die Landschaft im Süden.

/// Der zweigeschossige Luftraum über dem Essbereich erlaubt Sichtkontakte in die obere Ebene, es entsteht optisch ein Gefühl von Offenheit und Weite. Eine Schiebetür führt auf die Terrasse.

/// Ausgesuchte Farben und Materialien prägen den Raumeindruck: Sichtbetonoberflächen kontrastieren mit weiß verputzten Wänden und holzverschalten Decken. Geglätteter Estrich dient als preiswerter und praktischer Bodenbelag.

/// Im Obergeschoss wurden durchgängig geölte Lärchenholzdielen verlegt. Die offene Galerie dient als Wohn- und Arbeitsbereich. Vom Treppenabsatz aus werden Bad, Ankleide und Schlafraum im Hintergrund direkt erschlossen.

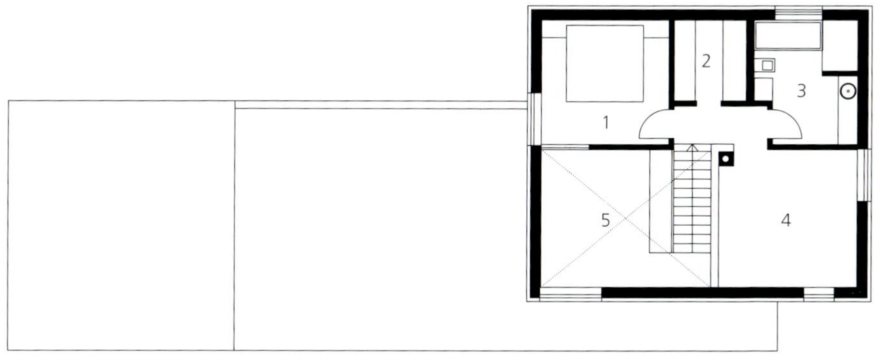

Obergeschoss
M 1:200

1 Schlafen
2 Ankleide
3 Bad
4 Galerie
5 Luftraum

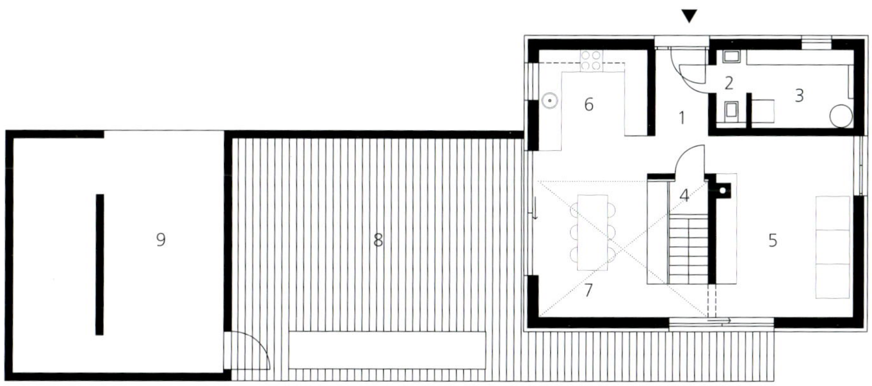

Erdgeschoss
M 1:200

1 Windgang/Garderobe
2 WC
3 Technik/Hauswirtschaft
4 Abstellen
5 Wohnen
6 Kochen
7 Essen
8 Terrasse
9 Garage

Gebäudedaten

Grundstücksgröße: 590 m²
Wohnfläche: 90 m²
Zusätzliche Nutzfläche: 35 m²
Anzahl der Bewohner: 2
Bauweise: Holzelementbau
Baukosten je m² Wohn- und Nutzfläche: ca. 1.000 Euro
Baukosten gesamt: 125.000 Euro
Energiekonzept: Gasbrennwerttherme mit Fußbodenheizung, Holzofen als Zusatzheizung
Heizwärmebedarf: 38,5 kWh/m²a
Primärenergiebedarf: 59 kWh/m²a
Fertigstellung: 2007

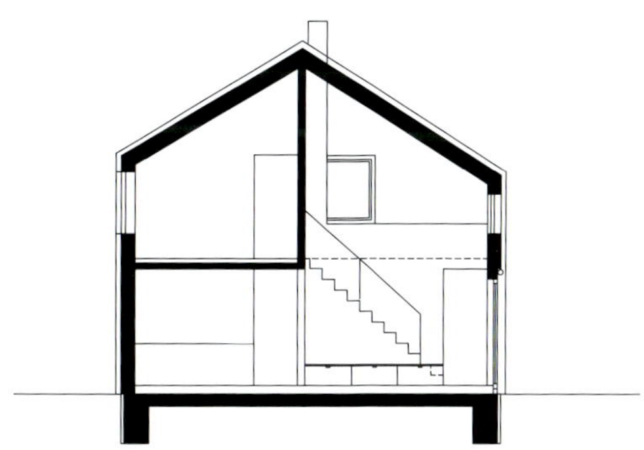

Schnitt
M 1:200

/// Elegant wirkt das weiß lackierte Treppenmöbel, das in die obere Etage führt. In die formschöne Stufenanlage ist nicht nur ein Sideboard integriert: In ihrem Innern bietet sie noch zusätzlichen Stauraum.

Lageplan

IM GRÜNEN BEREICH

/// Naturbelassenes Weißtannenholz, das im Lauf der Jahre eine silbrig graue Patina bekommen wird, prägt die Ansichten dieses großzügigen Familiendomizils. An der Stirnseite wird das Entwurfskonzept von zwei versetzt übereinander gestapelten Baukörpern deutlich, es entsteht ein grafisch strenges Fassadenbild.

k_m.architektur Daniel Sauter / Bregenz und Lindau
Einfamilienhaus in Lustenau

Der souveräne Umgang mit Holz als traditionellem landschaftstypischem Baustoff ist charakteristisch für die Entwürfe des Bregenzer Architekten Daniel Sauter, der mit seinen Häusern schon zahlreiche Auszeichnungen erhalten hat. Auch bei diesem Familiendomizil in Lustenau lässt sich bereits an der Fassadenverkleidung aus unbehandeltem Weißtannenholz die Entwurfsphilosophie des Büros ablesen, für das nachhaltiges und ressourcenschonendes Bauen ebenso selbstverständlich ist wie der Einsatz heimischer Materialien.

Das Einfamilienhaus entstand auf einem großzügigen Grundstück in dörflicher Umgebung, das unmittelbar an eine Streuobstwiese angrenzt. Im Nordosten rückt es nah an die Grenze heran und orientiert sich mit der Aussichtsseite ganz auf den Garten im Süden, wo ein alter Apfelbaum als markanter Blickfang dient. Das Gebäude besteht aus zwei lang gestreckten, versetzt übereinander liegenden Baukörpern, deren Auskragungen in der unteren Ebene geschützt liegende Freibereiche entstehen lassen.

Der Zugang führt vorbei an Garage und Technikraum, die für die nötige Distanz zur Straße sorgen, zu einem überdachten Eingangsbereich. Das Erdgeschoss ist als offenes Raumkontinuum angelegt, in dem Küche, Ess- und Wohnbereich nahtlos ineinander übergehen. Schlanke Stahlstützen sorgen für die erforderliche statische Aussteifung und ermöglichten es, die gesamte Südfront zum Garten

/// Die auskragende Loggia im Obergeschoss schützt die Glasfronten des darunter liegenden Wohnraums vor starker Sonneneinstrahlung und beschirmt die umlaufende Holzterrasse.

/// Rechte Seite oben: Der Allraum im Erdgeschoss ist auf der Südseite über die gesamte Gebäudefront großzügig aufgeglast. Breite Eichenholzdielen betonen die Ausrichtung in Längsachse auch optisch.

/// Rechte Seite unten links: Wie aus einem Guss wirken die maßgefertigten Einbauten: Für den Innenausbau wurde ausschließlich Eichenholz verwendet, was das Interieur ebenso homogen wie stimmig zusammenbindet.

/// Rechte Seite unten rechts: Blick in den Eingangsbereich auf der Nordseite. Eingespannte Trittstufen und Glasbrüstungen verleihen dem Treppenlauf Transparenz.

hin großzügig zu verglasen. Breite Eichenholzdielen, die in Längsrichtung verlegt sind, sowie Wandverkleidungen, Einbauschränke und Möbel aus demselben Material tragen zum angenehm stimmigen Raumeindruck bei und schaffen eine behagliche Wohnatmosphäre. Im Oberschoss reihen sich vier Schlafräume und das Bad entlang des Flurs aneinander. Auch hier gibt es differenzierte, teilweise geschützt hinter der Holzschale liegende Freibereiche, die auf unterschiedliche Himmelsrichtungen ausgerichtet sind: Der breite umlaufende Balkon vor den Schlafräumen orientiert sich nach Süden und Osten, die kleine Loggia am Ende des Erschließungsflurs nach Nordwesten. Die vorkragenden Dächer bieten Schutz vor der Sommersonne, aber auch vor Nässe. Vom Elternschlafzimmer, das auf zwei Seiten raumhoch verglast ist, blickt man direkt in die Krone des alten Apfelbaums.

/// Die Räume im Obergeschoss orientieren sich alle auf die umlaufende Loggia, sodass sie auch von außen miteinander verbunden sind. Eine Übereckverglasung gibt den Blick vom Elterntrakt im Osten in die Baumkronen frei.

/// Nach außen aufschlagende Einzelflügel öffnen den Wohnbereich im Erdgeschoss auf das vorgelagerte Holzdeck und den angrenzenden Garten mit einer Streuobstwiese.

Der Holzelementbau wurde komplett mit naturbelassenen Schalungsleisten aus Weißtanne verkleidet, die im Lauf der Jahre eine silbrig graue Patina annehmen werden. Auch die Fensterrahmen sind aus demselben heimischen Holz. Darüber hinaus legten Architekten und Bauherren bei diesem Projekt nicht nur viel Wert auf die Verwendung natürlicher, nachwachsender Rohstoffe, sondern auch auf den Einsatz erneuerbarer Energien: Eine Erdwärmepumpe mit Tiefensonde sowie thermische Solarkollektoren auf dem Dach sorgen für die umweltfreundliche und kostengünstige Beheizung des Hauses.

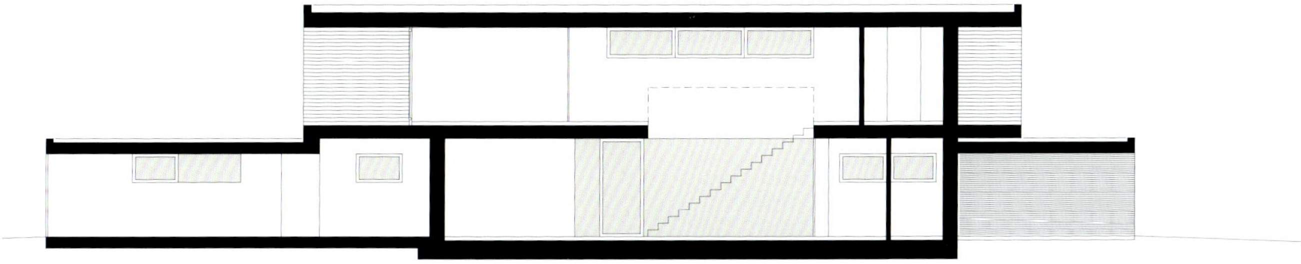

Schnitt
M 1:200

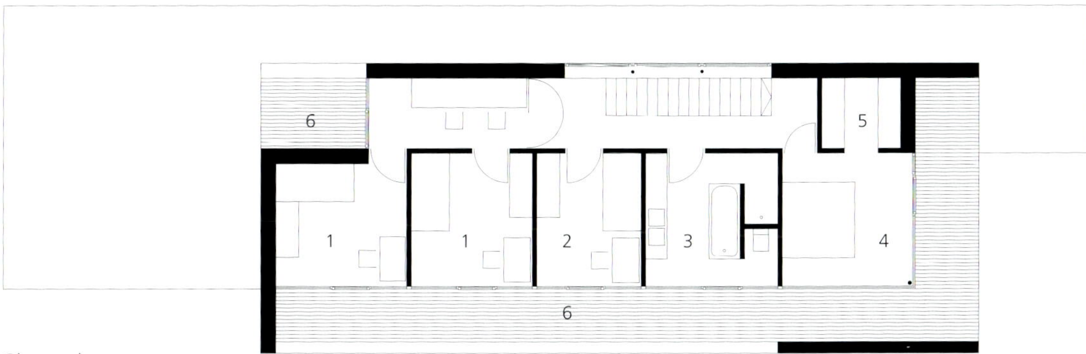

Obergeschoss
M 1:200

1 Kind
2 Gast/Kind
3 Bad
4 Eltern
5 Ankleide
6 Loggia

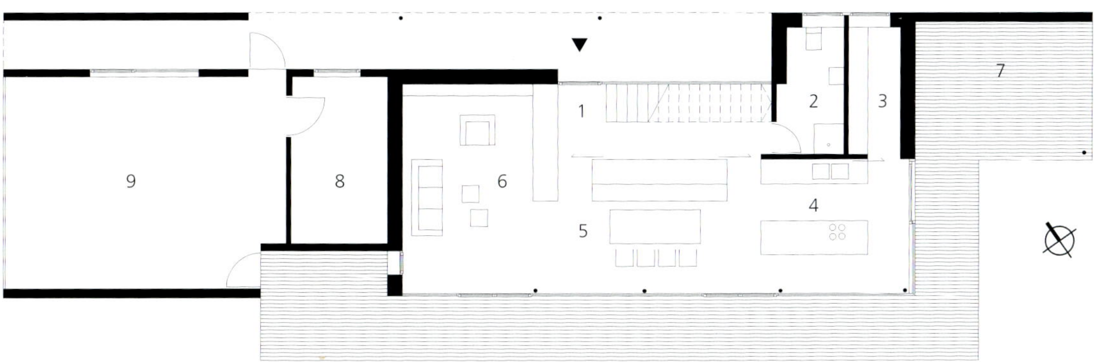

Erdgeschoss
M 1:200

1 Eingang
2 WC/Dusche
3 Vorräte
4 Kochen
5 Essen
6 Wohnen
7 Terrasse
8 Technik/Lager
9 Garage

Gebäudedaten

Grundstücksgröße: 1.134 m²
Wohnfläche: 163 m²
Zusätzliche Nutzfläche: 52 m²
Terrasse: 95 m²
Anzahl der Bewohner: 3
Bauweise: Holzelementbau, Fassadenverkleidung mit unbehandeltem Weißtannenholz
Energiekonzept: Erdwärmepumpe mit Tiefenbohrung, Solarkollektoren zur Brauchwassererwärmung und Heizungsunterstützung
Heizwärmebedarf: 32 kWh/m²a
Fertigstellung: 2008

Lageplan

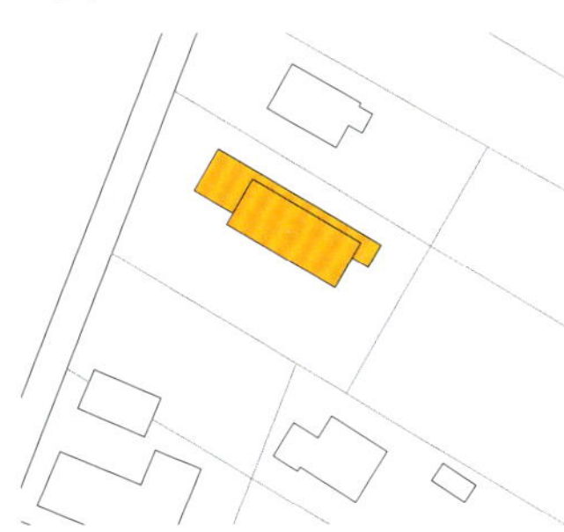

HOMO-GENE HÜLLE

/// Besonderer Blickfang bei diesem Einraumhaus ist seine ungewöhnliche Außenhaut: Dach und Fassaden sind mit einer weißen Kunststoffmembran bespannt, die den skulpturalen Charakter des Gebäudes zusätzlich betont. Während sich der Baukörper mit Glasfronten zum Garten hin öffnet, schirmt er sich mit einer weitgehend geschlossenen Rückwand zum Nachbargrundstück ab.

Caramel architekten / Wien und Linz

Einfamilienhaus in Linz

Mit unkonventionellen Entwürfen hat sich die Architektengruppe Caramel seit etlichen Jahren einen Namen gemacht: Experimentierfreude und Erfindungsreichtum kennzeichnen sämtliche Konzepte von Ulrich Aspetsberger, Martin Haller und Günter Katherl, die ihre neuen Wohnideen in einer ehemaligen Wiener Schokoladenfabrik produzieren. Einfamilienhäuser geraten ihnen dabei oft zu expressiven Wohnskulpturen, knappe Budgetvorgaben stellen kein Hindernis dar – im Gegenteil: Ein enger Kostenrahmen scheint, wie auch in diesem Fall, ihre Fantasie sogar zu beflügeln. **Oberflächlich betrachtet** fällt das kleine Haus, das sie am Linzer Pöstlingberg errichteten, bereits durch seine ungewöhnliche Außenhaut ins Auge: Der Kubus ist komplett von Kunststoffmembranen umhüllt. Die Fassade wurde mit weißem teflonbeschichtetem PVC überzogen, das unsichtbar mit den Dachbahnen verschweißt ist. Diese wiederum bestehen aus EPDM, einem synthetisch hergestellten Material, das üblicherweise für Fenster- und Türdichtungen zum Einsatz kommt. Der robuste Werkstoff zeichnet sich nicht nur durch seine hohe Witterungsbeständigkeit aus, er ist zudem lange haltbar und verformt sich auch bei starken Temperaturschwankungen nicht. Kein Attikablech stört nun die homogene Hülle, auch Dachrinnen oder Abflussrohre sucht man vergebens: Über die leicht geneigte Dachfläche fließt das Wasser entlang der Fassade in einen schottergefüllten Sickerschacht an der Rückseite des Gebäudes.

/// **Die schräg stehenden, einander kreuzenden Stahlstützen vor der Glasfassade akzentuieren nicht nur die Ansicht, sondern dienen auch der nötigen statischen Aussteifung.**

Auch bei der Wahl der Konstruktion spielten Kostenaspekte eine Rolle: Der nicht unterkellerte, 12 mal 12 Meter große Kubus besteht aus vorgefertigten hoch wärmegedämmten Holzwerkstoffpaneelen, die in wenigen Stunden mithilfe eines Autokrans auf die betonierte Bodenplatte aufgesetzt wurden. Die schräg stehenden Stützen an der Westseite sind ein weiterer Blickfang und sorgen für die statische Aussteifung des Gebäudes, während die voll verglaste Südfassade weit von den Außenkanten des Gebäudes zurückweicht, sodass ein überdachter, witterungsgeschützter Freibereich entsteht.

Um das Grundstück optimal zu nutzen, rückten die Planer das Haus im Norden und Osten so nah wie möglich an die Grenzen heran. Mit geschlossenen Fronten schirmt es sich gegen die Einblicke der Nachbarn ab, während es sich auf den gegenüberliegenden Seiten ganz zum Garten und zur Aussicht auf das Donautal öffnet. Über die raumhohen Glasfronten können die Sonnenstrahlen bis spätabends hereindringen, ein außen liegender Gewebevorhang schützt vor Überhitzung. Haben die Bewohner trotzdem eine Abkühlung nötig, können sie vom holzbeplankten Terrassendeck direkt in den Schwimmteich springen.

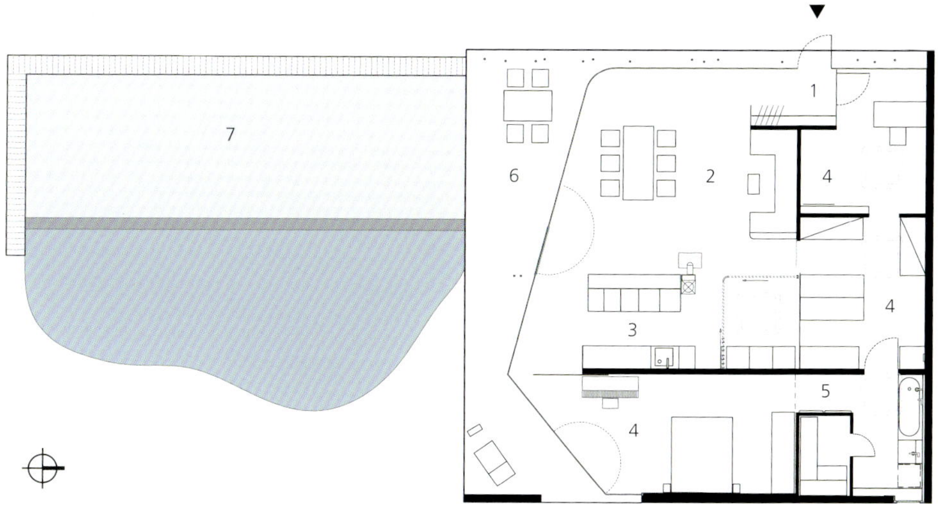

Erdgeschoss
M 1:200

1 Windfang/Garderobe
2 Essen/Wohnen
3 Kochen
4 Zimmer
5 Bad
6 Terrasse
7 Schwimmteich

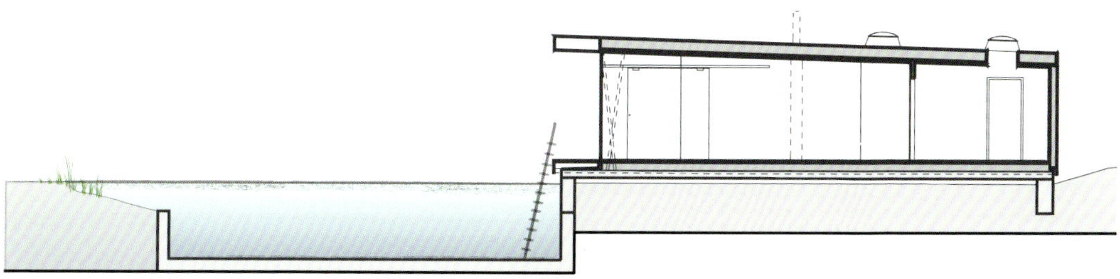

Schnitt
M 1:200

/// Viel Naturkontakt bietet die überdachte Terrasse mit angrenzendem Schwimmteich. Der Innenraum entwickelt sich vom offenen Koch-, Ess- und Wohnbereich im Südwesten zu den geschlossenen Schlafzimmern im Nordosten.

Gebäudedaten

Grundstücksgröße: 1.500 m^2
Wohn- und Nutzfläche: 108 m^2
Terrasse: 31 m^2
Anzahl der Bewohner: 1
Bauweise: vorgefertigte hoch wärmegedämmte Holzwerkstoffpaneele, Stahlstützen, Außenhaut aus Kunststoffmembran
Energiekonzept: Gasbrennwerttherme
Heizwärmebedarf: 63 kWh/m^2a
Fertigstellung: 2007

Lageplan

GANZ IN WEISS

/// In Architektur und Formensprache an die Bauten der Moderne erinnert dieses Einfamilienhaus in Scharten. Es nutzt die Hanglage und öffnet sich im Untergeschoss mit einer raumhoch verglasten Wohnebene zur schönen Aussicht in die freie Landschaft und ins Alpenvorland. Von der Terrasse mit Pool führt eine breite Treppe in den tiefer liegenden Garten.

Schneider & Lengauer Architekten / Neumarkt

Einfamilienhaus in Scharten

Es muss nicht immer Farbe sein: Was ihr neues Domizil betraf, hatten die Bauherren nicht nur in dieser Hinsicht ganz klare Vorstellungen. Darüber hinaus wünschten sie sich ein großzügiges repräsentatives Gebäude zum Wohnen und Arbeiten, in dem das Grafikatelier der Bauherrin ebenso Platz finden sollte wie die private Fotosammlung des Hausherrn. Auch die Aussicht in die schöne Landschaft galt es zu berücksichtigen, ebenso spielten Aspekte der Energieeffizienz eine Rolle. Und last but not least: Die Architektur sollte außergewöhnlich, aber dennoch zeitlos sein. Nachdem die Auftraggeber zunächst verschiedene Büros kontaktiert, Vorgespräche geführt und erste Entwürfe in Auftrag gegeben hatten, fiel ihre Wahl auf die Architekten Schneider & Lengauer, die mit ihrer schlüssigen Raumorganisation überzeugten.

Das Grundstück liegt am Ortsrand von Scharten, auf einer nach Süden abfallenden Geländekuppe und bietet einen großartigen Ausblick ins Alpenvorland. Auf der Zufahrtsseite im Norden rückt der Neubau nah an die Grundstücksgrenze heran und tritt nur eingeschossig aus dem Gelände hervor. In der Eingangsebene sind die Schlaf-, Sanitär- und Nebenräume, das Grafikbüro sowie eine Doppelgarage untergebracht, während die Hauptwohnebene im Hanggeschoss liegt. Sie ist als offener, voll verglaster bühnenartiger Raum konzipiert, der den Blick in die freie Landschaft gekonnt inszeniert: Die abgerundete Gebäudekante im Süd-

/// Blick auf die Erschließungsseite im Norden: Aufgrund der Hanglage tritt das Gebäude hier nur eingeschossig aus dem Gelände hervor, eine weiße Wandscheibe dient als Umfassungsmauer.

/// Der überdachte Eingangsbereich mit Garagendurchfahrt unterbricht die hermetisch geschlossene Nordfassade, hinter der sich die Bäder und Nebenraumzonen befinden.

westen lässt die Grenzen zwischen innen und außen fast verschwimmen. Schiebetüren öffnen sich auf die vorgelagerte Terrasse mit Pool, eine breite Treppe führt in den tiefer liegenden Garten, gesäumt von ausschließlich weiß blühenden Pflanzen.

Die Dominanz der Farbe Weiß ist das Augenfälligste an diesem Haus: angefangen von der Putzfassade – die eine selbstreinigende wasserabweisende Beschichtung erhielt, um den Umwelteinflüssen möglichst lange standhalten zu können – über die Gartengestaltung bis hin zum monochromen Interieur, von dem sich nur die champagnerfarbenen Böden dezent abheben. Damit entsprachen die Planer dem Wunsch der Bauherren nach einer ebenso zeitgemäßen wie zeitlosen Architektur, fernab aller modischen Farb-

/// Die monochrome Gestaltung setzt sich ebenso konsequent beim Innenausbau und bei der Möblierung fort – die champagnerfarbene Epoxidharzbeschichtung des Fußbodens hebt sich nur wenig vom weißen Interieur ab.

/// Die abgerundeten Gebäudeecken nehmen dem Baukörper etwas von seiner formalen Strenge. Im Wohnbereich im Hanggeschoss sorgt eine gebogene Glasscheibe für maximale Transparenz.

trends. Die weiß getünchten Decken und Wände reflektieren das Licht und bieten einen neutralen Hintergrund für die private Bildersammlung, die hier ebenso Akzente setzt wie einige ausgesuchte Möbelstücke, die als fröhlich bunte Farbtupfer hervortreten.

Kaum ins Auge hingegen fällt die technische Ausstattung, die zur guten Energiebilanz des Hauses beiträgt: Vier Tiefsonden versorgen das Gebäude mit kostenloser Erdwärme, eine kontrollierte Wohnraumlüftung garantiert gleichbleibend wohltemperierte Räume. Um den Heizwärmebedarf möglichst niedrig zu halten, ist auf die Wände des Stahlbetonbaus eine außen liegende, 18 Zentimeter starke Mineralwolledämmung aufgebracht.

/// Entlang der Glasfassade entsteht eine durchgehende Sichtachse über die gesamte Gebäudelänge. Das Musikzimmer im Hintergrund lässt sich bei Bedarf über eine deckenhohe Schiebetür abteilen. Die wandintegrierten Fächer hinter dem Essplatz bieten zusätzlichen Stauraum.

/// Blick in das Treppenhaus: Die weißen Decken und Wände reflektieren das Licht und schaffen einen neutralen Hintergrund für die private Kunstsammlung des Bauherrn.

/// Weitere Hängeflächen für Bilder sowie ausreichend Platz für Lektüre bietet das Musikzimmer, das sich im Hanggeschoss an den Wohnbereich anschließt.

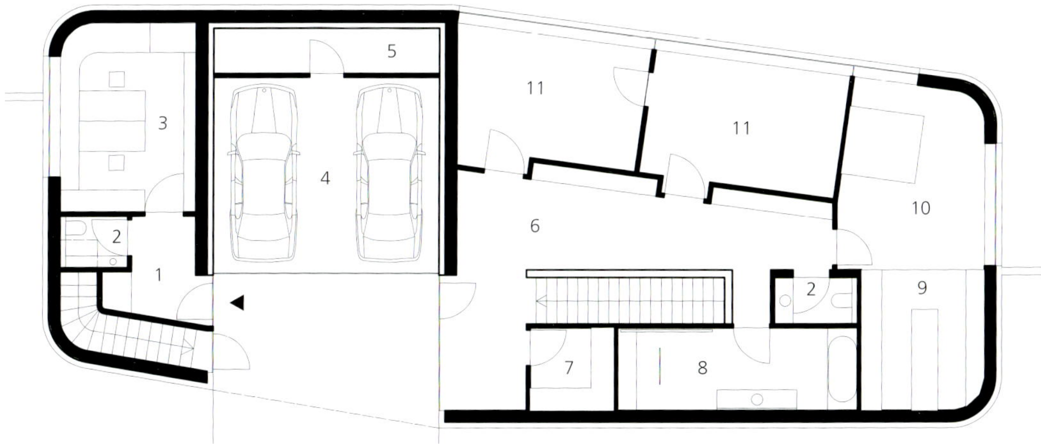

Erdgeschoss
M 1:200

1 Eingang/Windfang Büro
2 WC
3 Büro
4 Garage
5 Geräte
6 Eingang/Diele Wohntrakt
7 Garderobe
8 Bad
9 Schrankraum
10 Schlafen Eltern
11 Kind

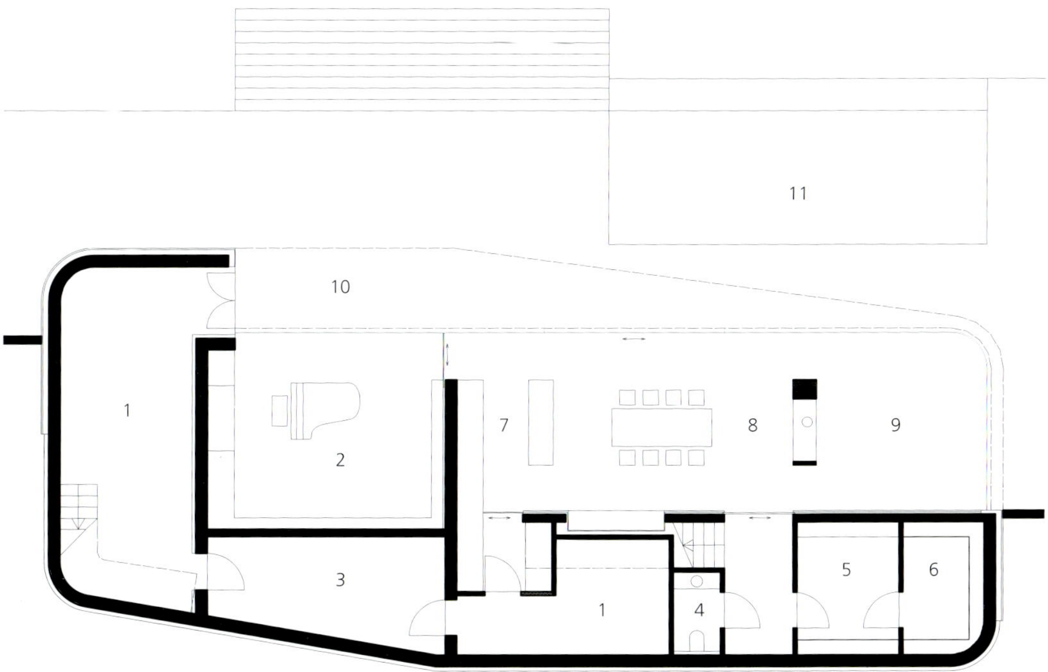

Hanggeschoss
M 1:200

1 Abstellen
2 Musikzimmer
3 Haustechnik
4 WC
5 Wirtschaftsraum
6 Weinlager
7 Kochen
8 Essen
9 Wohnen
10 Terrasse
11 Pool

Gebäudedaten

Grundstücksgröße: 1.293 m²
Wohn- und Nutzfläche: 281 m²
Anzahl der Bewohner: 4
Bauweise: massiv, Stahlbetonbau mit außen liegender Wärmedämmung, Putzfassade
Energiekonzept: Erdwärmepumpe mit Tiefensonden, kontrollierte Wohnraumlüftung in Kombination mit Erdwärmetauscher
Heizwärmebedarf: 24 kWh/m²a
Fertigstellung: 2008

Schnitt ohne Maßstab

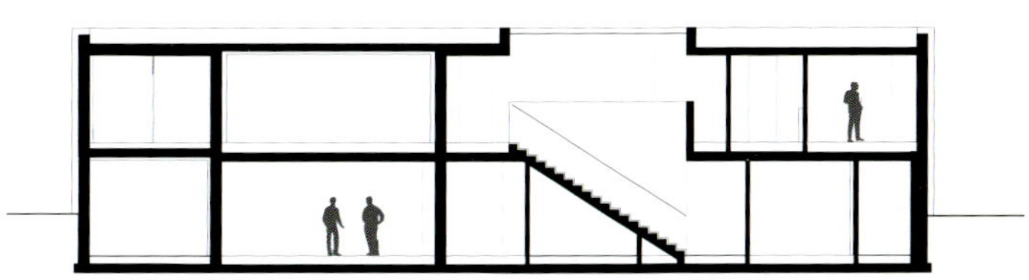

Lageplan

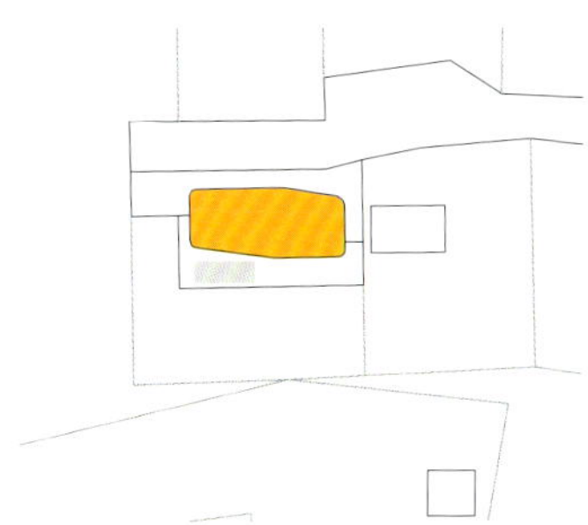

WÄRME AUS DER LUFT GEHOLT

/// Auf einer leicht abfallenden Parzelle am Rand eines Gartenstadtquartiers entstand dieses Doppelhaus, das über eine schmale Privatstraße erschlossen wird. Verschieden große Fensteröffnungen sind asymmetrisch über die Fassaden verteilt und lassen die Aufteilung in zwei separate Wohneinheiten nicht sofort erkennen.

Halle 58 Architekten / Bern, in Zusammenarbeit mit Kissling Architekten / Olten, und Jost Kutter / Bern

Doppelhaus in Liebefeld

Kompromisslos klar ist die Formensprache dieses Familiendomizils, das anspruchsvolle Architektur und energieeffiziente Bauweise gekonnt auf einen Nenner bringt: Das Doppelhaus, das auf einem leicht geneigten Hanggrundstück in Liebefeld, einer kleinen Ortschaft unweit von Bern, entstanden ist, erfüllt die Kriterien des Schweizer Minergie-P-Standards, der in etwa dem eines Passivhauses in Deutschland entspricht. Fernab gängiger Gestaltungsklischees von ökologisch korrekten, aber meist relativ biederen Energiesparhäusern gelang es den Architekten hier, einen Baukörper zu konzipieren, dem man seinen Passivhausstandard nicht auf den ersten Blick ansieht, dessen Jahresheizwärmebedarf jedoch lediglich 12,7 kWh/m²a beträgt.

Ähnlich wie bei einer Thermoskanne ist auch in diesem Fall eine gut isolierte Außenhülle die wichtigste Voraussetzung für minimale Wärmeverluste. Zudem müssen sämtliche Komponenten der Gebäudetechnik sorgsam aufeinander abgestimmt sein: Alle Umfassungsflächen sind lückenlos hoch wärmegedämmt, alle Fenster haben Dreifachverglasungen. Zusätzliche Energiegewinne über einfallende Sonnenstrahlen sowie die Abwärme technischer Geräte sorgen dafür, dass die Räume ganz ohne Heizkörper oder Heizflächen auskommen. Die erforderliche geringe Rest-

/// Sichtbetonoberflächen bestimmen den Raumeindruck im Treppenhaus. Durch eine Öffnung im Dach dringen die Sonnenstrahlen herein und sorgen für reizvolle Licht- und Schattenspiele.

/// Die Untersichten der Betondecken sind überall schalungsrau belassen. Hier der Blick in die Küche, die sich zum Eingangsbereich hin orientiert.

/// Der Grundriss ist im Split-Level-System angelegt, Lufträume erlauben Blickkontakte zwischen den halbgeschossig versetzten Ebenen: Der Wohnbereich auf der Westseite öffnet sich zur höher gelegenen Galerie, die zu den Schlafräumen führt.

wärme sowie die Energie zur Erhitzung des Brauchwassers werden über eine Außenluft-Wärmepumpe erzeugt. Dabei wird vorgewärmte Frischluft über einen Erdkanal, der in eineinhalb Meter Tiefe um das gesamte Gebäude geführt ist, angesogen. Sämtliche Zimmer sind, wie in Passivhäusern üblich, mit einer kontrollierten Wohnraumlüftung ausgestattet. Auf angenehme Strahlungswärme müssen die Bauherren im Winter trotzdem nicht ganz verzichten: An kalten Tagen sorgt ein Holzofen im Wohnbereich für stimmungsvolle Lagerfeueratmosphäre.

Das Fassadenbild wird von dem knappen Dachrand und den unterschiedlich großen – mal innen liegenden, mal außen bündigen – Fenstern bestimmt, die dem schlichten Baukörper mehr Plastizität verleihen. Durch die asymmetrische Anordnung der Öffnungen ist es den Architekten zudem gelungen, die typische Doppelhausoptik zu vermeiden: Man nimmt die Aufteilung in zwei separate Wohneinheiten nicht sofort wahr.

Auch die Grundrisse beider Haushälften unterscheiden sich in Raumorganisation und Aufteilung. Sie sind jeweils im Split-Level-System angelegt und reichen vom halb versenkten Hanggeschoss bis unters Dach. Die versetzt angeordneten Ebenen mit zwischengeschalteten Lufträumen lassen spannungsreiche Raumfolgen und Sichtkontakte sowohl in der Horizontalen als auch in der Vertikalen entstehen – und tragen mit dazu bei, dass dieses Haus neben seinem extrem niedrigen Heizwärmebedarf auch eine ungewöhnlich hohe Wohnqualität zu bieten hat.

Dachgeschoss
M 1:200

1 Zimmer (abteilbar)
2 Speicher

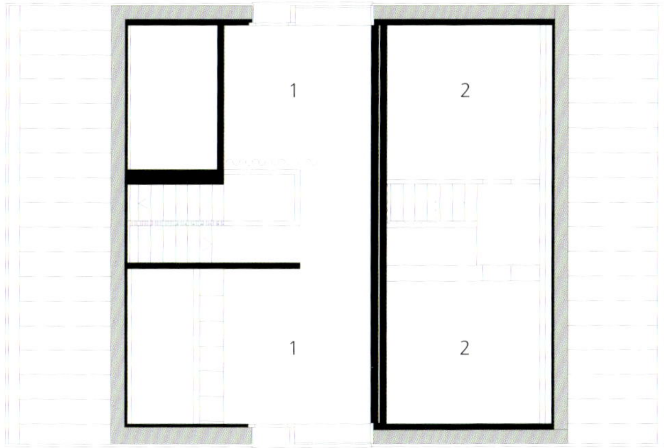

Gebäudedaten

Grundstücksgröße: 1.250 m²
Wohnfläche: 489 m²
Zusätzliche Nutzfläche: 128 m²
Anzahl der Bewohner je Haushälfte: 4 bzw. 5
Bauweise: massiv, Außenwände Mauerwerk mit hinterlüfteter Putzfassade und mineralischer Dämmung
Energiekonzept: Minergie-P-Standard, kontrollierte Wohnraumlüftung, Luftwärmepumpe, Holzofen als Zusatzheizung
Heizwärmebedarf: 12,7 kWh/m²a
Primärenergiebedarf: 25,8 kWh/m²a
Fertigstellung: 2007

Obergeschoss
M 1:200

1 WC
2 Bad
3 Zimmer
4 Luftraum

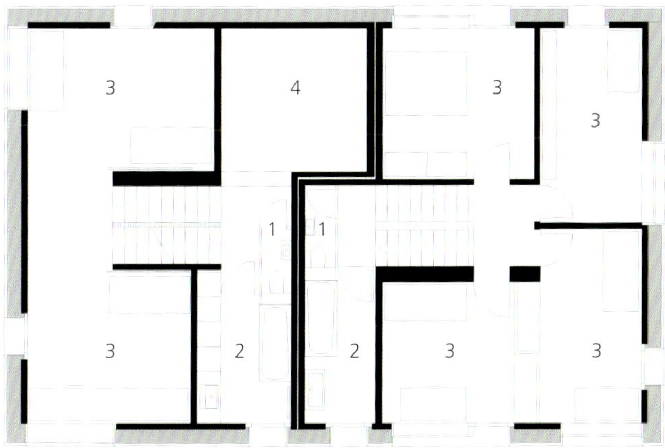

Erdgeschoss
M 1:200

1 Entree
2 Kochen/Essen
3 Wohnen

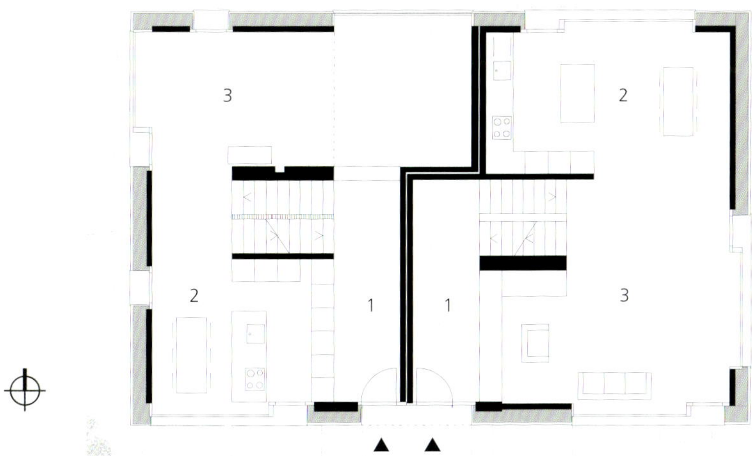

Schnitt ohne Maßstab

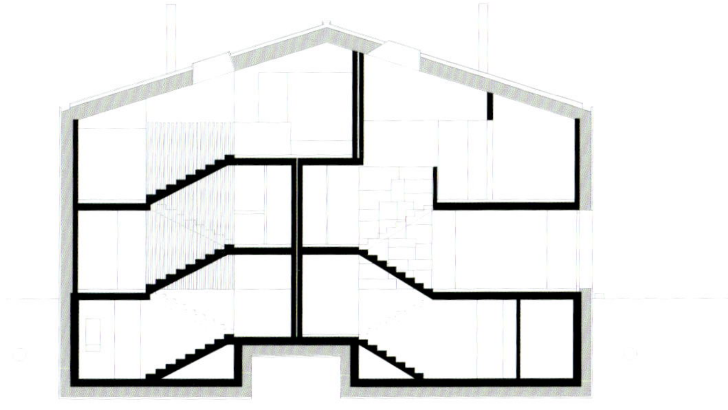

Lageplan

AUF DIE FEINE ENGLISCHE ART

/// Dank eines wohl durchdachten Raumkonzepts wohnt man in diesen Stadthäusern in Cambridge trotz verdichteter Bauweise erstaunlich großzügig und individuell. Auf der Südseite sind den Einheiten kleine Hofgärten vorgelagert, die ebenso wie die sichtgeschützten Dachterrassen und Loggien dazu beitragen, die Privatsphäre auch im Außenraum zu wahren.

Alison Brooks Architects / London

Doppelhäuser in Cambridge

Auf einer ehemaligen Industriebrache in Cambridge ist in den vergangenen Jahren eine städtebaulich ebenso vorbildliche wie architektonisch ambitionierte neue Wohnsiedlung entstanden. Das Bebauungskonzept zeigt, dass sich qualitätvoller zukunftsfähiger Wohnungsbau auch in großem Maßstab umsetzen lässt – unter der Voraussetzung einer engen und engagierten Kooperation aller Beteiligten: Auf Grundlage eines Masterplans, den das Büro Feilden Clegg Bradley im Auftrag des Investors für das 9,5 Hektar große Areal erstellt hatte, entstanden insgesamt knapp 400 Wohneinheiten – Einfamilienhäuser und Appartements in verdichteter Bauweise –, die in landschaftsgärtnerisch aufwendig gestaltete Grün- und Freiflächen eingebettet sind. Anstelle konventioneller Hausgärten bieten Innenhöfe, Dachterrassen und großzügige Balkone den Bewohnern private Rückzugsmöglichkeiten auch im Außenraum.

Verschiedene Architekten wurden mit der Realisierung einzelner Abschnitte beauftragt. Auf einem Teilbereich des Geländes baute das Büro Alison Brooks ein kleines Ensemble aus Doppelhäusern. Dabei interpretierten die Planer einen traditionellen und etwas aus der Mode gekommenen britischen Haustyp mit zeitgemäßen Mitteln neu und verwandelten ihn in ein modernes Familiendomizil. Bereits die Straßenfronten weichen von der gewohnt monotonen Reihung ab: Zwar zeigen sich die Ansichten in städtisch strenger Form – mit Lochfassaden und ockerfarbenem

/// Zur Straße hin präsentiert sich das Gebäudeensemble mit ockerfarbenem Ziegelverblendmauerwerk. Die asymmetrisch verteilten Öffnungen lösen das bei Doppelhäusern sonst übliche starre Fassadenkorsett geschickt auf und sorgen auch im Innern für ungewöhnliche Perspektiven und Ausblicke.

Ziegelverblendmauerwerk – doch die asymmetrische Verteilung der Öffnungen sorgt für ein belebtes Bild: Die einzelnen Haushälften erscheinen wie individuelle Bauten, deren Fenster je nach Orientierung und Himmelsrichtung variieren.

In ihrem Innern präsentieren sich die Einheiten mit ungeahnter Offenheit und Transparenz. Der Grundriss ist im Split-Level-System organisiert, die Treppen sind an die Trennwand zum Nachbarn gerückt, sodass man beim Betreten des Hauses vom Eingangsbereich bis in den Garten blicken kann. Auch in der Vertikalen sind vielfältige Sichtkontakte möglich: Ein dreigeschossiger Luftraum über dem Essplatz lässt das Licht tief ins Gebäudeinnere vordringen. In den oberen Etagen gibt es keine Flure, die Räume werden direkt von den Treppenabsätzen über kleine Galerien erschlossen, die sich an das Atrium anschließen. Über eine transluzente Glaswand dringt natürliches Licht in das innen liegende Elternbad, bei künstlicher Beleuchtung wiederum sorgt sie für ungewohnte Lichteffekte.

Auf der Nordseite des Gebäudes sind die Schlaf- und Nebenräume untergebracht, während sich das Familienleben auf der südorientierten Haushälfte abspielt. Dank des Split-Level-Konzepts gelang es den Architekten, im obersten Geschoss unter dem leicht gewölbten Tonnendach noch eine weitere großzügige Wohnebene zu schaffen, die als Gemeinschaftsraum, Spielzimmer, Gästebereich oder Studio dient. Herzstück des Hauses jedoch ist der gut vier Meter hohe Wohnraum im Erdgeschoss, der sich auf den geschützt liegenden privaten Innenhof öffnet. Den südlichen Abschluss des Patios bildet ein zweigeschossiger Baukörper, der ausreichend Platz für die Garage sowie einen kleinen separaten Gästetrakt bietet und den Garten gegen fremde Blicke von außen abschirmt.

/// Die auskragenden Vorbauten und Erker auf der Gartenseite verschatten nicht nur die großen Südfassaden, sondern wirken gewissermaßen wie „Scheuklappen“: Sie verringern die Einsehbarkeit der Hauseinheiten von außen und schirmen zugleich die Nachbarn gegeneinander ab.

/// Abwechslungsreiche Perspektiven bieten sich auch im innen liegenden Treppenhaus, das im Split-Level-System die einzelnen Ebenen erschließt: Vom Zwischenpodest blickt man durch eine Glasfront in das darunter liegende Wohnzimmer.

/// Herzstück der einzelnen Hauseinheiten bildet jeweils der gut vier Meter hohe Wohnraum im Erdgeschoss, der sich mit deckenhohen Glasfronten auf den patioartigen Garten im Süden orientiert. Im Hintergrund sind die Nebengebäude mit den Garagen und darüber liegenden Studios zu erkennen.

/// Dank des Split-Level-Systems entstand auf der Südseite unter dem leicht gewölbten Dach ein weiterer Aufenthaltsraum, der mit dem schmalen vorgelagerten Balkon auch über einen weiteren sichtgeschützten Freibereich verfügt. Über eine Deckenöffnung fällt zusätzliches Licht herein.

/// Der offene Grundriss lässt vielfältige Sichtbeziehungen zwischen den einzelnen Wohnebenen entstehen und sorgt auch optisch für mehr Großzügigkeit. Hier der Blick in einen der Studioräume unterm Dach.

/// Offenheit und Transparenz prägen auch den Raumeindruck im Erdgeschoss. Ein dreigeschossiger Luftraum über dem Essplatz lässt das Licht tief ins Gebäudeinnere fluten.

Schnitt ohne Maßstab

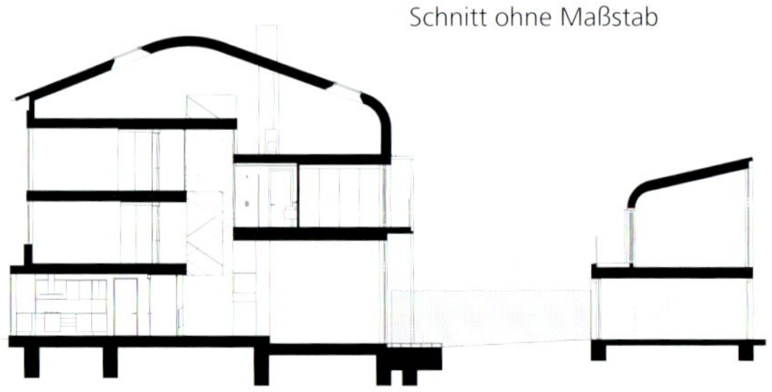

Gebäudedaten

Grundstücksgröße je Hauseinheit: 235 m²
Wohnfläche: 305 m²
Zusätzliche Nutzfläche: 140 m²
Anzahl der Bewohner je Haus: ca. 4
Bauweise: massiv (Stahlbetonkonstruktion, mit Backstein verkleidet)
Energiekonzept: Gastherme, Kaminofen als Zusatzheizung
Fertigstellung: 2006

Lageplan

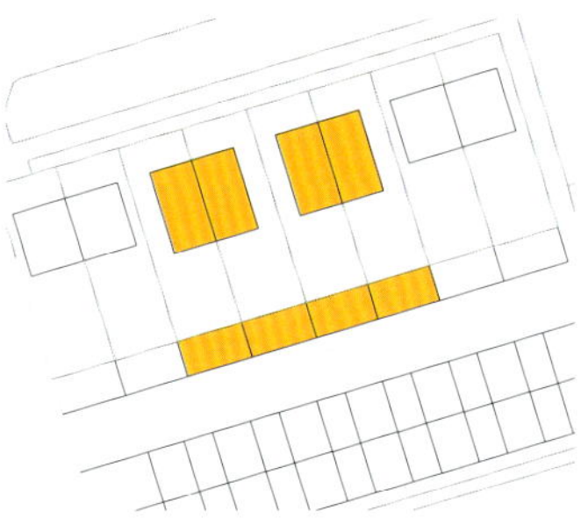

3. Obergeschoss
M 1:250

1 Luftraum
2 Studio/Loft

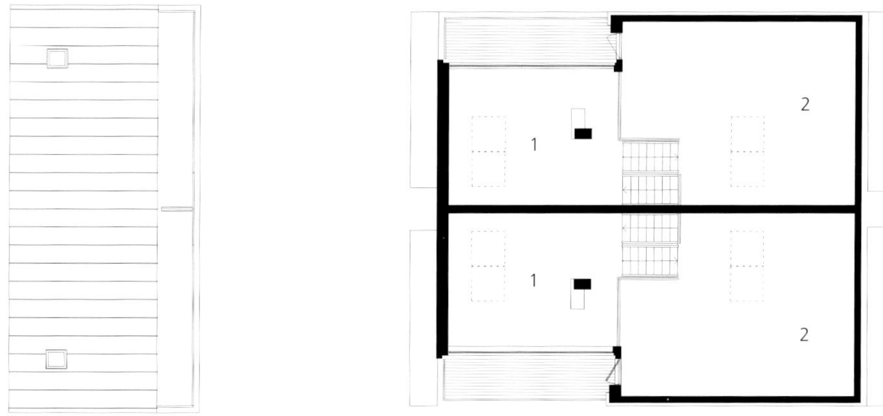

2. Obergeschoss
M 1:250

1 Zimmer/Arbeiten
2 Zimmer
3 Bad
4 Luftraum
5 Wohnen/Studio
6 offener Kamin
7 Balkon

1. Obergeschoss
M 1:250

1 Kind
2 Kinderbad
3 Luftraum
4 Elternbad
5 Eltern
6 Balkon
7 Studio/Gäste
8 Duschbad Gäste

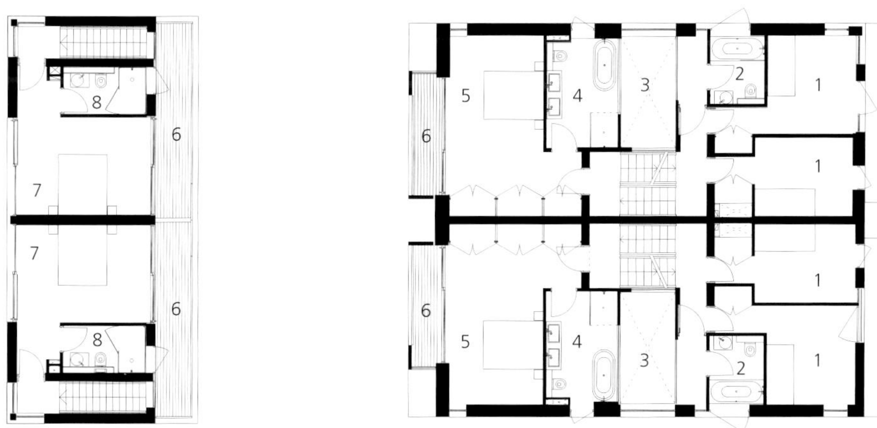

Erdgeschoss
M 1:250

1 Windfang
2 Küche
3 Schrank/Abstellen
4 Gäste-WC
5 Essen
6 offener Kamin
7 Wohnen
8 Terrasse
9 Garage

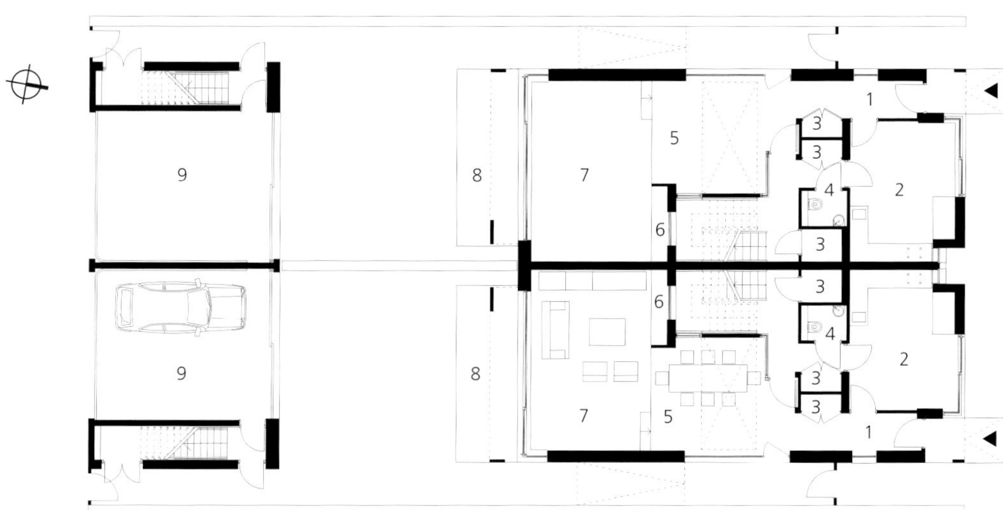

IN BESTER GESELL-SCHAFT

/// In städtischer Dichte, auf extrem schmalen, aber sehr tiefen Grundstücken, reihen sich die 18 Stadthäuser entlang eines Grüngürtels aneinander. Jede Wohneinheit hat einen eigenen Zugang mit kleinem Vorgarten und vorgezogener Veranda. Balkone und Erker rhythmisieren die Ansichten und lockern die formale Strenge der Backsteinfronten optisch auf.

MaccreanorLavington Architects / Rotterdam und London

Stadthäuser in Cambridge

Zur Vielzahl unterschiedlicher Haustypen, die im Rahmen eines groß angelegten städtebaulichen Entwicklungsprojekts im Südosten von Cambridge entstanden sind (siehe Seite 158), gehört auch diese Wohnanlage von MaccreanorLavington Architects: Die Planer lieferten hier eine zeitgemäße Neuinterpretation des traditionellen englischen Reihenhauses, das sich mit einer repräsentativen Schauseite zur Straße hin orientiert, während es auf der Rückseite mit Anbauten, Nebengebäuden oder Innenhöfen ein wesentlich individuelleres Erscheinungsbild bietet.

Die viergeschossige Häuserzeile säumt eine von Alleebäumen bestandene Grünanlage und fügt sich aus insgesamt 18 Gebäuden zusammen. Vor- und Rücksprünge in der Fassade sowie der Wechsel von Balkonen und Erkern geben der langen Reihe ihren gleichmäßigen Rhythmus, ohne sie monoton wirken zu lassen. Die Hauseinheiten wurden in zwei Grundrissvarianten angeboten, wahlweise mit einer großzügigen Dachterrasse oder einem kleinen Innenhof sowie einem Studiogebäude auf der Rückseite. Alle Gebäude werden von Nordosten über einen Gehweg erschlossen, wobei ein schmaler Vorgarten und eine vorgezogene Veranda öffentlichen und privaten Raum schrittweise miteinander verbinden.

Im Erdgeschoss des sogenannten „Studio-Hauses" öffnen sich Küche und Essbereich auf einen sichtgeschützten Patio in der Gebäudemitte. Der Wohnraum befindet sich in der

oberen Etage und umschließt zusammen mit dem gegenüber liegenden Studio, das als separater Baukörper auf dem Garagendach thront, einen erhöht liegenden Freisitz. Da die Nebengebäude an der rückwärtigen Grundstücksgrenze sowohl über die Vorderhäuser als auch über direkte Zugänge erschlossen werden, bieten sie sich für verschiedenste Nutzungen an: Anstelle der Garage lässt sich beispielsweise auch ein Home-Office oder eine Einliegerwohnung einrichten, die über den innen liegenden Patio natürlich belichtet werden kann. Die zahlreichen sichtgeschützten Freibereiche sorgen zudem dafür, dass trotz hoher städtischer Dichte die Privatheit auch im Außenraum gewahrt bleibt: Sogar das Elternschlafzimmer und das Bad in der obersten Ebene orientieren sich auf einen kleinen Lichthof, der den Blick in die Baumkronen freigibt.

In ähnlicher Weise werden auch beim „Terrassen-Haus" Innen- und Außenräume miteinander verzahnt. Bei diesem Bautyp ist der Patio in der Eingangsebene durch einen doppelgeschossigen Luftraum ersetzt, der für Sichtkontakte in den höher gelegenen Wohnbereich sorgt. Im Obergeschoss wiederum steht den Bewohnern eine großzügige holzgedeckte Terrassenplattform zur Verfügung, die sich über das Garagendach hinweg bis zur hinteren Grundstücksgrenze erstreckt und als Gartenersatz und zusätzliches Zimmer unter freiem Himmel dient.

Um die Häuserzeile möglichst wirtschaftlich erstellen zu können, entschieden sich die Architekten für eine Beton-Fertigteilkonstruktion: Die massiven Trennwände und Decken sind ebenso vorfabriziert wie die hoch wärmegedämmten Fassadenelemente, die eine Verblendung mit Sichtziegelmauerwerk erhielten.

/// Blick in das Erdgeschoss eines der „Studio-Häuser“: Der Essplatz orientiert sich auf den kleinen Patio, über den Licht und Luft hereindringen können. Hinter der holzverkleideten Wand verbirgt sich die Nebenraumzone mit der Garage.

/// Linke Seite: Mehr Raum für Individualität bieten die rückwärtigen Grundstücksbereiche. Auf den schmalen Parzellen sind Innenhöfe, Dachterrassen oder Hausgärten entstanden, die durch hölzerne Sichtschutzwände voneinander getrennt werden.

/// Auf der Rückseite wird die Straßenansicht von Nebengebäuden bestimmt, die in Höhenentwicklung und Gestaltung variieren: Holzverkleidete Zonen mit dunkelbraunen Garagenrolltoren und darüber liegenden Dachgärten wechseln sich mit massiven mehrgeschossigen Baukörpern ab.

/// Die Räume in der Hauptwohnebene im ersten Geschoss sind deutlich höher, was einen großzügigeren Eindruck erzeugt. Auch hier blickt man auf den Innenhof, die Tür im Hintergrund führt zur Dachterrasse, über die man zum Studioraum oberhalb der Garage gelangt.

Lageplan

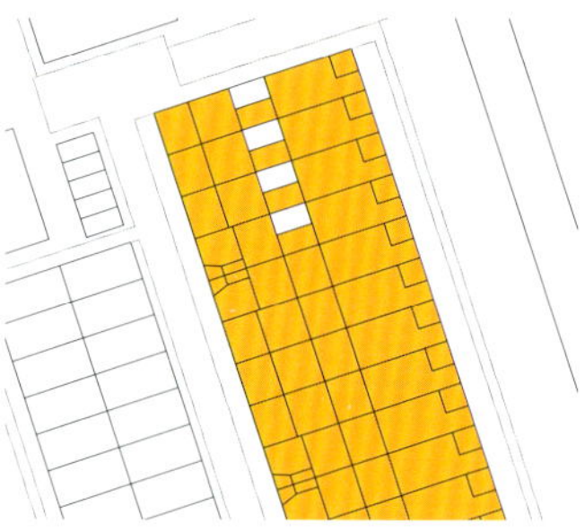

Schnitt ohne Maßstab

Gebäudedaten

Grundstücksgröße: 130 m²
Wohnfläche: 244 m² (Studiohaus), 233 m² (Terrassenhaus)
Zusätzliche Nutzfläche: 55 m² (Studiohaus), 63 m² (Terrassenhaus)
Anzahl der Bewohner je Haus: 4 bis 6
Bauweise: massiv, Betonfertigteilkonstruktion mit Ziegelverblendmauerwerk
Energiekonzept: Gastherme
Fertigstellung: 2006

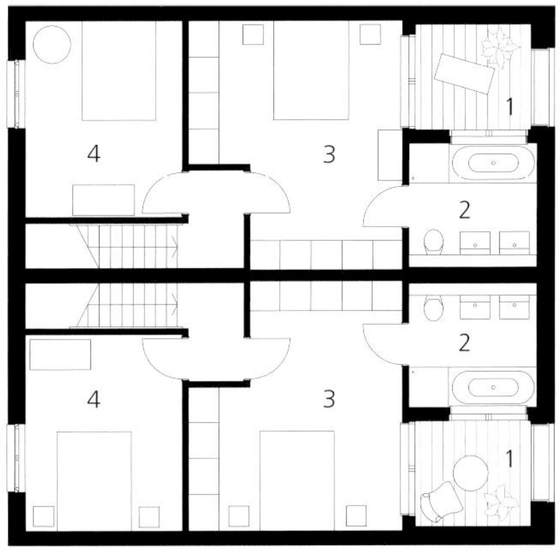

3. Obergeschoss
M 1:200

1 Atrium
2 Elternbad
3 Schlafen Eltern
4 Zimmer

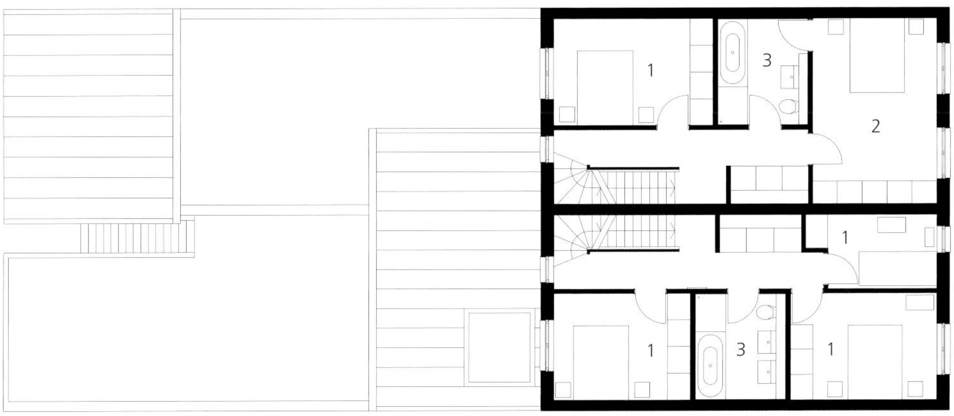

2. Obergeschoss
M 1:200

1 Zimmer
2 Gäste
3 Bad

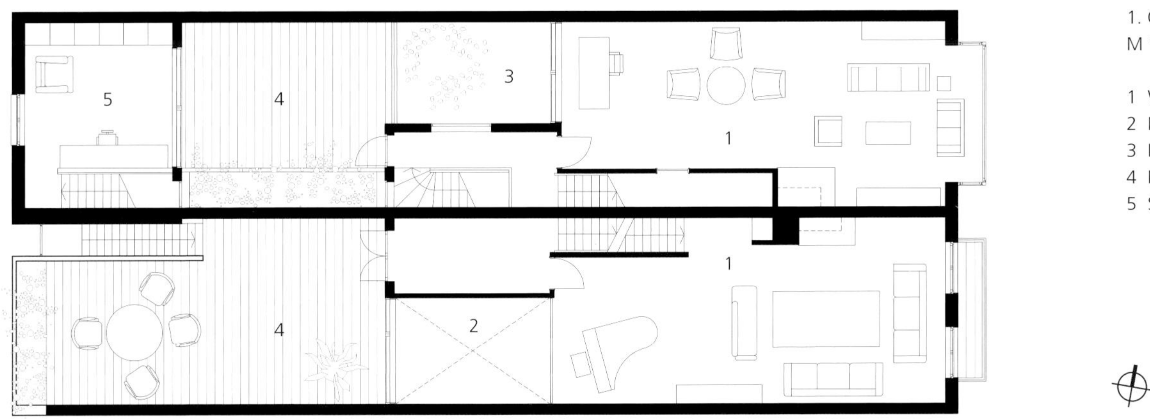

1. Obergeschoss
M 1:200

1 Wohnen
2 Luftraum
3 Lichthof
4 Dachterrasse
5 Studio

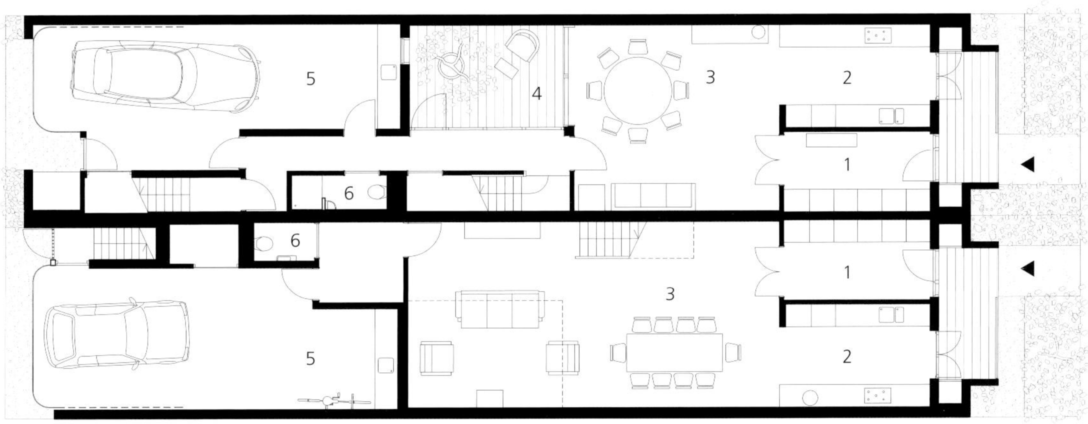

Erdgeschoss
M 1:200

1 Eingang/Garderobe
2 Küche
3 Essen
4 Innenhof
5 Garage
6 WC

ARCHITEKTEN- UND BILDNACHWEIS

ARCHIPARK Architekten
Dipl.-Ing. Eva Wagner,
Dipl.-Ing. Jan Wagner
Winterstraße 4
22765 Hamburg
www.archipark.de
Seite 84
Mitarbeit: Dipl.-Ing. Oliver Arndt
Foto Seite 85 o.: Oliver Heissner, Hamburg
Fotos Seite 85 u. und 86: Archipark Architekten, Hamburg

Bernardo Bader
Architekt DI
Steinebach 11
A-6850 Dornbirn
www.bernardobader.com
Seite 66 und 70
Mitarbeit: DI Sven Matt
Fotos: Adolf Bereuter, Dornbirn

Bembé Dellinger Architekten BDA
Felix Bembé & Sebastian Dellinger
Im Schloss
86926 Greifenberg
www.bembe-dellinger.de
Seite 122
Projektleitung: Torben Tjarks
Fotos: Bembé Dellinger Architekten

Berschneider + Berschneider
Architekten BDA + Innenarchitekten BDIA
Johannes Berschneider, Gudrun Berschneider
Hauptstraße 12
92367 Pilsach/Neumarkt
www.berschneider.com
Seite 112
Mitarbeit: Peter Mederer, Brigitte Seitz
Fotos: Erich Spahn, Amberg

Braun Associates Architekten
Architektur- und Planungsgesellschaft mbH
Prof. Dr.-Ing. Dirk Henning Braun
Blumenstraße 36
70182 Stuttgart
www.braun-associates.com
Seite 76
Fotos: Alejo Park, Ibiza

Alison Brooks Architects Ltd.
Unit 610, Highgate Studios,
53–79 Highgate Road
GB-London NW5 1TL
www.alisonbrooksarchitects.com
Seite 158
Projektarchitekt: Dominic McKenzie
Mitarbeit: Juana Canet, Juan Rodriguez, Irene Konschill, Scott Barker
Fotos Seite 159, 160, 163 und 164 u.: Tim Crocker, London
Fotos Seite 161 l.: Timothy Soar, London
Fotos Seite 161 r. und 162: Cristobal Palma, London/Santiago de Chile
Fotos Seite 164 o.: Peter Cook, London

Caramel architekten zt gmbh
architekten katherl. haller. aspetsberger
Büro Wien:
Schottenfeldgasse 60/36
A-1070 Wien
Büro Linz:
Tummelplatz 5
A-4020 Linz
www.caramel.at
Seite 144
Mitarbeit: Kolja Janiszewski
Fotos: Otto Hainzl, Linz

dma deckert mester architekten gbr
Freie Architekten und Generalplaner
Prof. Dipl.-Ing. Joachim Deckert,
Dipl.-Ing. Rainer Mester
Teichstraße 74 b
99086 Erfurt
www.dmarchitekten.de
Seite 58
Mitarbeit: Dipl.-Ing. Max Wasserkampf
Fotos: Victor S. Brigola, Berlin

FROETSCHER LICHTENWAGNER Architekten
Mag. Arch. Willi Froetscher,
DI Christian Lichtenwagner
Weyringergasse 36/2
A-1040 Wien
www.froetscherlichtenwagner.at
Seite 52
Mitarbeit: Rainer Stadlbauer, Marlene Rutzendorfer
Fotos: Stefan Huger, Wien

Goetz Hootz Castorph
Architekten und Stadtplaner GmbH
Marco Goetz, Katrin Hootz, Dr. Matthias Castorph
Bäckerstraße 57
81241 München
www.goetzhootzcastorph.de
Seite 126
Mitarbeit: Robert Teichmann, Wolfgang Gasde
Fotos: Michael Heinrich, München

Grüntuch Ernst Architekten BDA
Armand Grüntuch, Almut Ernst
Auguststraße 51
10119 Berlin
www.gruentuchernst.de
Seite 38
Mitarbeit: Florian Fels, Olaf Menk, Volker Raatz, Jacob van Ommen
Fotos: Jan Bitter, Berlin

Halle 58 Architekten GmbH
Marzilistraße 8 a
CH-3005 Bern
www.halle58.ch
in Zusammenarbeit mit:

Kissling Architekten
Rosengasse 4
CH-4600 Olten
und
Architekt Jost Kutter, Bern
Seite 154
Konzeption/Vorentwurf: Kissling Architekten mit Jost Kutter
Architektur: Halle 58 Architekten mit Jost Kutter
Ausführungsplanung/Realisierung: Halle 58 Architekten, Peter Schürch mit Fabian Schwarz
Fotos: Christine Blaser, Bern

k_m.architektur
Arch. DI Daniel Sauter
Büro Österreich:
Glockengieße 2
A-6900 Bregenz
Büro Deutschland:
Hochbucherweg 58
88131 Lindau
www.k-m-architektur.com
Seite 138
Fotos: k_m.architektur

Kröger-Daniels Architekten BDA
Dipl.-Ing. Katharina Kröger-Daniels
Vondelstraße 29–31
50677 Köln
www.kroeger-daniels-architekten.de
Seite 94
Mitarbeit: Anke Berresheim, Denise Hoffmann, Julia Burbach
Fotos: Constantin Meyer, Köln

Anne Lampen Architekten
Schlesische Straße 31
10997 Berlin
www.anne-lampen.de
Seite 100
Mitarbeit: Kathrin Haase
Fotos: Werner Huthmacher, Berlin

ludloff + ludloff
Laura Fogarasi-Ludloff, Jens Ludloff
Architekten BDA
Bernauer Straße 5 d
10115 Berlin
www.ludloffludloff.de
Seite 22
Mitarbeit: Sven Holzgreve, Pilar Munoz
Fotos: Werner Huthmacher, Berlin

lynx architecture
Susanne Muhr, Volker Petereit
Zieblandstraße 25
80798 München
www.lynx-a.com
Seite 46
Mitarbeit: Dirk Härle
Fotos: Gunter Bieringer, München

MaccreanorLavington Architects
Büro Rotterdam:
Vijverhofstraat 47
NL-3032 SB Rotterdam
Büro London:
Unit 4.1
33-41 Dallington Street
GB-London EC1V 0BB
www.maccreanorlavington.com
Seite 166
Projektarchitekt: Richard Lavington
Mitarbeit: Doug Ardern (Projektleitung bis Bauantrag), Gavin Finnan (Projektleitung Ausführung), Prisca Thielmann, Sam Penn, Marie Brunborg, Anne-Marie Diderich, Viktor Jak, Samuel Martin, Thomas Rabe, Umut Yamac
Fotos Seite 167 und 168: David Grandorge, London
Fotos Seite 169–171: Tim Crocker, London

Architekten BDA
Mühlich, Fink & Partner
Heimstraße 11
89073 Ulm
www.mfp-ulm.de
Seite 118
Projektarchitekt: Peter Fink, Freier Architekt BDA + Stadtplaner
Mitarbeit: Klaus Abele, Architekt
Fotos: Martin Duckek, Ulm

Architectenbureau Paul de Ruiter
Valschermkade 36 D
NL-1059 CD Amsterdam
www.paulderuiter.nl
Seite 30
Projektarchitekt: Paul de Ruiter
Projektteam: Noud Paes, Willem Jan Landman, Helga Traksel, Dieter Blok, Willeke Smit
Fotos Seite 31, 32, 34–36: hiepler brunier, Berlin
Foto Seite 33: Pieter Kers, Amsterdam

Schneider & Lengauer Architekten
Mag. Arch. Peter Schneider,
Mag. Arch. Erich Lengauer
Bindergasse 5 a
A-4212 Neumarkt im Mühlkreis
www.schneider-lengauer.at
Seite 148
Statik: Martin Palzer, Neumarkt
Fotos: Kurt Hörbst, Wien/Rainbach

SHA Scheffler Helbich Architekten GmbH
Schwerter Straße 264
44287 Dortmund
www.scheffler-helbich.de
Seite 88
Projektarchitekten: Birgit Helbich, Architektin;
Christoph Helbich, Architekt BDA
Fotos Seite 89, 90 u., 91, 92 o. und 92 u. li.: Christian Eblenkamp, Rietberg
Foto Seite 90 o.: Andreas Secci, Dortmund
Foto Seite 92 u. re.: Robert Mehl, Aachen

SoHo Architektur – Alexander Nägele
Fuggergasse 1
87700 Memmingen
www.soho-architektur.de
Seite 130
Mitarbeit: Jörg Schießler, Christian Gross, Sebastian Hofmann
Fotos: Zooey Braun, Stuttgart

atelier st
Schellenberg | Thaut GbR
Freie Architekten BDA
Silvia Schellenberg-Thaut, Sebastian Thaut
Dittrichring 17
04109 Leipzig
www.atelier-st.de
Seite 106
Fotos: Bertram Bölkow Fotodesign, Leipzig

Wacker Zeiger Architekten
Angelika Wacker, Ulrich Zeiger
Gaußstraße 60
22765 Hamburg
www.wackerzeiger.de
Seite 80
Mitarbeit: Martin Böttcher
Fotos: Martin Böttcher, Hamburg
Foto Seite 83 re.: Bauherr

Bildnachweis Einleitung und Anhang:
Fotos Seite 1–3: Werner Huthmacher, Berlin; Fotos Seite 4 und 8 (Ausschnitte): Constantin Meyer, Köln; Foto Seite 6: Klaus Knuffmann, Hamburg; Bildausschnitte Einleitung: Seite 10: Gunter Bieringer, München; Seite 11 li.: Stefan Huger, Wien; Seite 11 re.: Victor S. Brigola, Berlin; Seite 12 li.: Adolf Bereuter, Dornbirn; Seite 12 re.: Archipark Architekten, Hamburg; Seite 13 li.: Christian Eblenkamp, Rietberg; Seite 13 re.: Bertram Bölkow Fotodesign, Leipzig; Seite 14: Erich Spahn, Amberg; Seite 15: Bembé Dellinger Architekten, Greifenberg; Seite 16 li.: Michael Heinrich, München; Seite 16 re.: Zooey Braun, Stuttgart; Seite 17: k_m.architektur, Bregenz; Seite 18 li.: Kurt Hörbst, Wien/Rainbach; Seite 18 re.: Christine Blaser, Bern; Seite 19: Tim Crocker, London; Foto Seite 20 o.: Zooey Braun, Stuttgart; Foto Seite 172 (Ausschnitt): Werner Huthmacher

Bildnachweis Umschlag:
Abbildung Vorderseite: hiepler brunier, Berlin
Rückseite unter Verwendung der Abb. von Seite 24, Seite 101 und Seite 133.

Lagepläne: Jens Schiewe

Alle übrigen abgebildeten Zeichnungen und Pläne wurden von den jeweiligen Architekturbüros zur Verfügung gestellt.

Impressum

Dieses Buch ist in Zusammenarbeit mit dem internationalen Architekturmagazin HÄUSER (Herausgeber) des Verlags Gruner+Jahr erschienen und bildet die Ergebnisse des Wettbewerbs HÄUSER AWARD 2010 ab.

Streitfeldstraße 35,
81673 München
www.callwey.de
E-Mail: buch@callwey.de

Bibliografische Information der Deutschen Nationalbibliothek
Die Deutsche Nationalbibliothek verzeichnet diese Publikation in der Deutschen Nationalbibliografie; detaillierte bibliografische Daten sind im Internet über http://dnb.d-nb.de abrufbar.

ISBN 978-3-7667-1826-6

Lektorat: Katrin Pollems-Braunfels, München
Schutzumschlaggestaltung: Alexander Stix, München
Buchgestaltung, Satz: Griesbeckdesign, München
Druck und Bindung: Kastner & Callwey Medien GmbH, Forstinning

Printed in Germany 2010